中国古典诗文诵读

高级本

仇海平 主编
王军 阎浩然 刘永静 编著

北京语言大学出版社
BEIJING LANGUAGE AND CULTURE
UNIVERSITY PRESS

图书在版编目（CIP）数据

中国古典诗文诵读 ：高级本 / 仇海平主编 ；王军，阎浩然，刘永静编著．-- 北京 ：北京语言大学出版社，2022.12

ISBN 978-7-5619-6195-7

Ⅰ．①中… Ⅱ．①仇… ②王… ③阎… ④刘… Ⅲ．①汉语－对外汉语教学－语言读物②古典诗歌－诗集－中国③古典散文－散文集－中国 Ⅳ．①H195.5 ②I211

中国版本图书馆 CIP 数据核字（2022）第 216379 号

中国古典诗文诵读（高级本）

ZHONGGUO GUDIAN SHIWEN SONGDU (GAOJIBEN)

插图绘制：史洪存
排版制作：北京创艺涵文化发展有限公司
责任印制：周 燚

出版发行：北京语言大学出版社
社　　址：北京市海淀区学院路 15 号，100083
网　　址：www.blcup.com
电子信箱：service@blcup.com
电　　话：编 辑 部　8610-82303647/3592/3395
　　　　　国内发行　8610-82303650/3591/3648
　　　　　海外发行　8610-82303365/3080/3668
　　　　　北语书店　8610-82303653
　　　　　网购咨询　8610-82303908
印　　刷：北京虎彩文化传播有限公司

版　　次：2022 年 12 月第 1 版　　印　　次：2022 年 12 月第 1 次印刷
开　　本：787 毫米 × 1092 毫米 1/16　　印　　张：15.25
字　　数：243 千字
定　　价：78.00 元

PRINTED IN CHINA

河北省高等教育教学改革研究与实践项目“中外学生中国古典诗文诵读共享课程建设”

（项目编号：2020GJJG093）

河北师范大学国际文化交流学院学术著作出版基金资助出版

周敦颐《爱莲说》

史洪存 绘

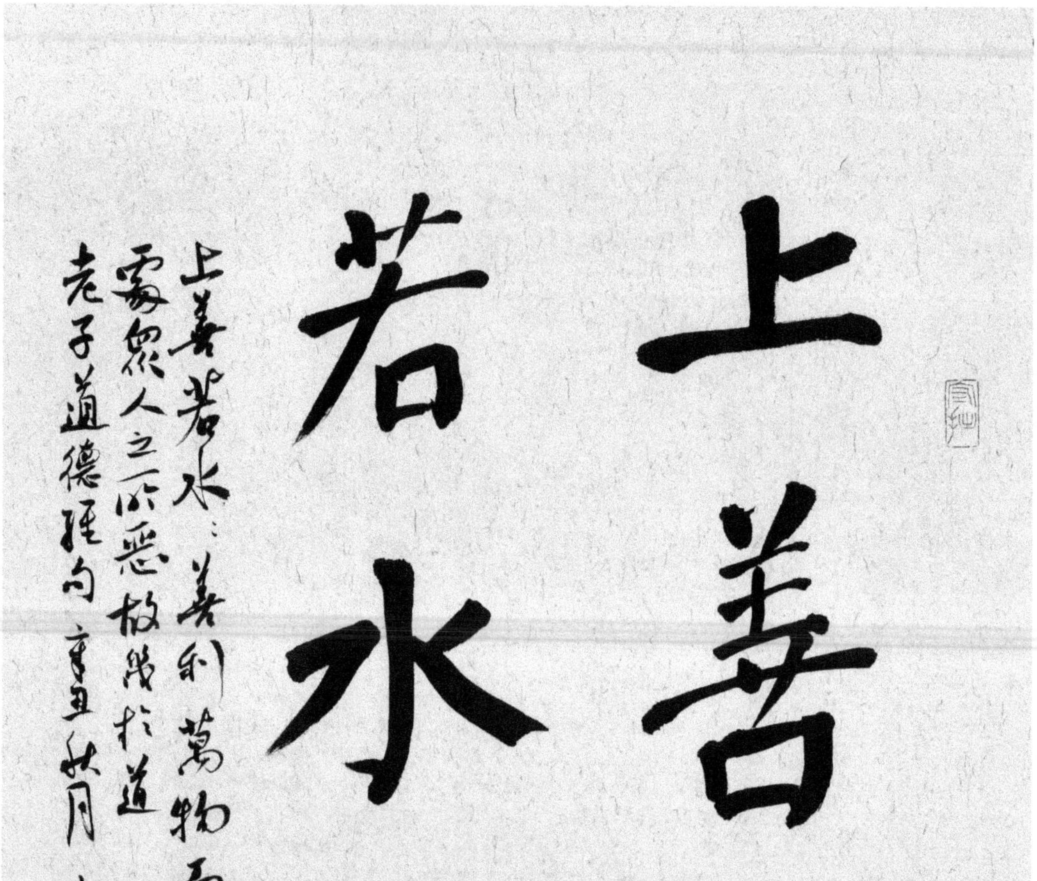

老子《道德经》（第八章）

史洪存 书

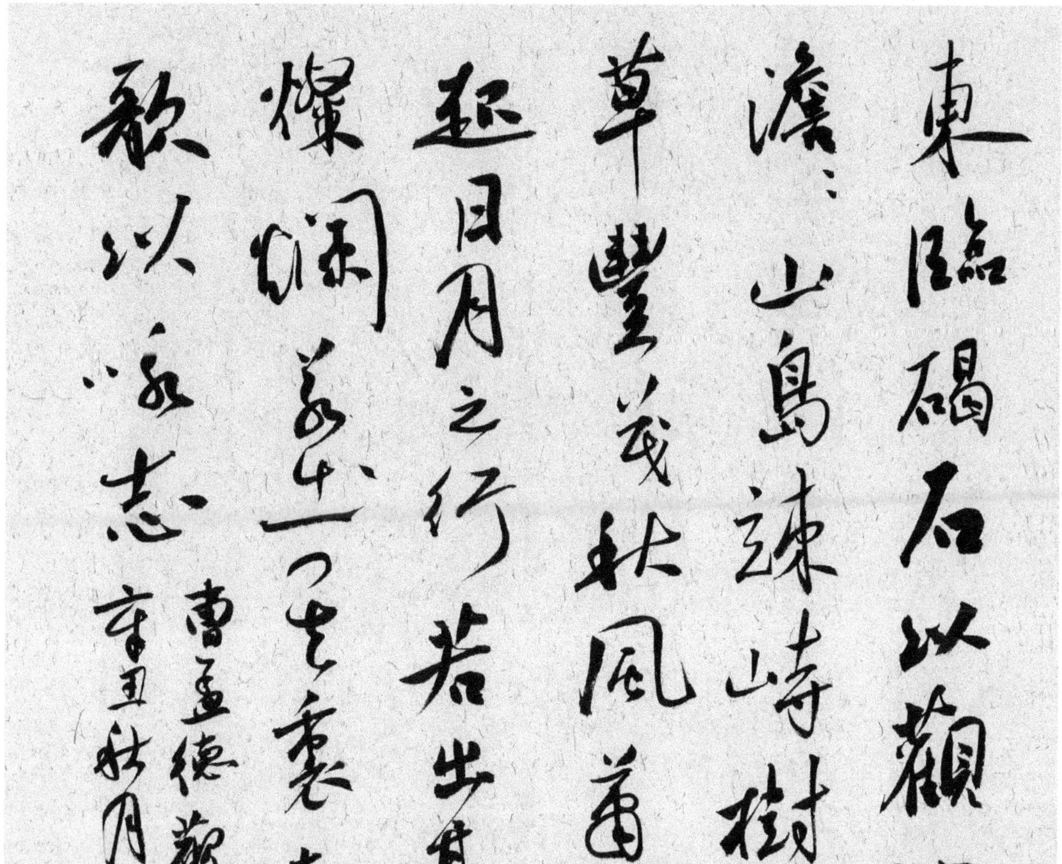
東臨碣石以觀滄海水何澹澹山島竦峙樹木叢生百草豐茂秋風蕭瑟洪波湧起日月之行若出其中星漢燦爛若出其裏幸甚至哉歌以詠志
曹孟德觀滄海
辛丑秋月史洪存

曹操《观沧海》

史洪存 书

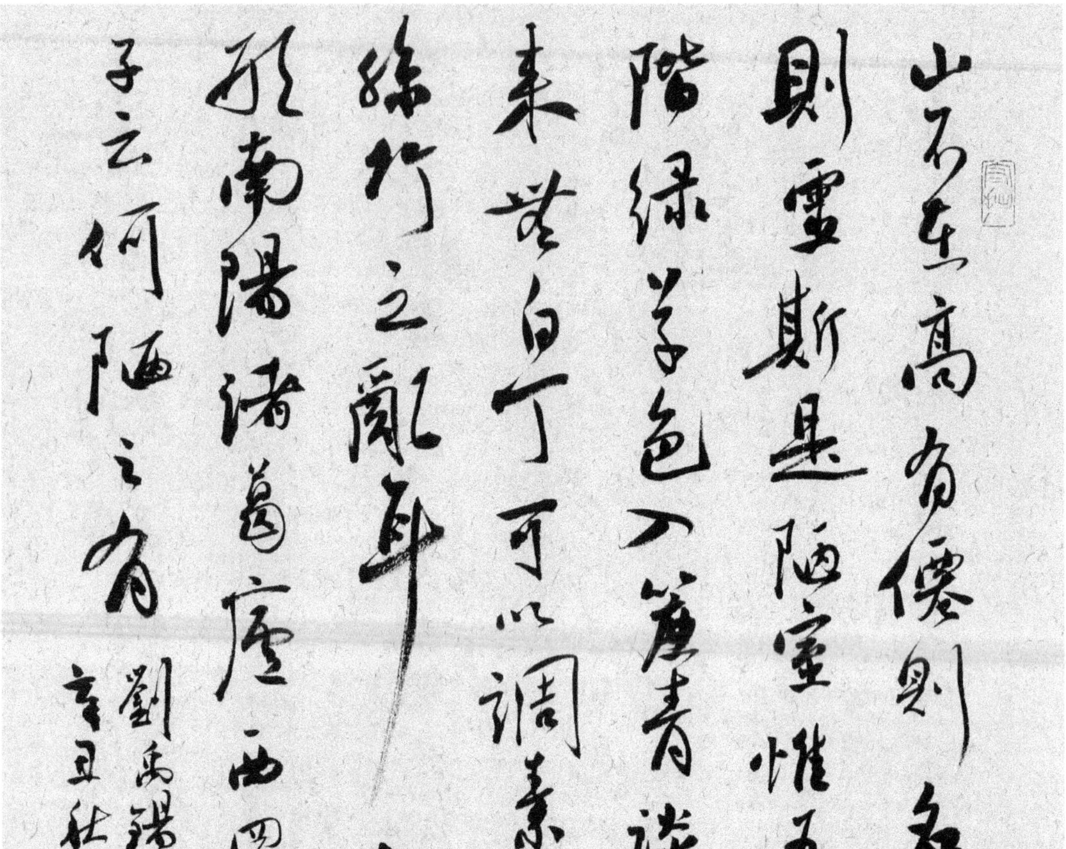

刘禹锡《陋室铭》

史洪存 书

与国无疆

史洪存 刻

前言

《中国古典诗文诵读》系列读本是河北师范大学国际文化交流学院编撰的一套面向中外学生学习使用的系列教材。全套教材分为初级本、中级本、高级本三册，精选中国古代诗文300篇，解析疑难词句，鉴赏文学之美，阐释文化内涵，倡导中外学生循序渐进地诵读中国古典优秀诗文，感悟中华优秀传统文化，提高鉴赏能力与综合素养。

长期以来，中国古代文学作品选本编写多以时间为轴线，自先秦始，把《诗经》、楚辞作为起始学习内容，按照文学史发展演进脉络呈现，比较适合汉语言文学专业学生学习使用，而对于其他专业学生，特别是留学生，则未必适合。先秦诗文之古奥及较多文字障碍会令初学者望而生畏，一定程度上影响学生的学习信心与阅读兴趣。

《中国古典诗文诵读》系列教材精选自先秦至晚清广为流传、最具影响力的300篇作品，包括诗、词、散曲、散文、辞赋、骈文等，兼顾思想性与艺术性，朗朗上口，由浅入深，循序渐进，适合中外学生诵读学习。所选篇目按照难易程度、篇幅长短分为初级、中级、高级三册，每册收录100篇。初级、中级只选诗、词、散曲且以唐诗、宋词短篇作品为主，初级作品篇幅最短，中级作品篇幅加长。高级除收录《诗经》、楚辞及篇幅较长诗词作品外，还收入散文、辞赋、骈文等，其中长篇作品仅节选经典片段诵读，鼓励学习者课外继续拓展。

本套教材初级、中级、高级三册厚度次第增加，作品篇幅逐渐加长，阅读难度逐渐提升，便于读者轻松入门，激发学习兴趣，增强学习信心，逐步掌握全部作品，从而了解中国古代诗文基本风貌与发展历程。本套教材附有诗文作者简介、注释、简析，并附有相关诗文诵读录音，倡导学习者在文化视角下诵读经典、学习诗文。本套教材不仅适合汉语国际教育专业中外学生，也适合对中国古代诗文感兴趣的普通读者。诵读古典诗文，品味优秀文化，建树美好人生。

《中国古典诗文诵读》系列教材是在河北师范大学国际文化交流学院原院长赵金广教授及现任院长姜文振教授组织领导下，由学院多年从事教学研究的教师团队集体编写而成的，崔福建教授对本教材的编写提出了宝贵意见。具体分工如下：仇海平、何彦杰负责初级本编写，王俊杰、高文霞负责中级本编写，王军、阎浩然、刘永静负责高级本编写，史洪存负责书画篆刻创作，阎浩然负责诗文诵读。

限于经验不足，本教材编写难免存在疏漏之处，恳请专家与读者批评指正。

2021年10月

目录

诗经

《诗经》，中国第一部诗歌总集，收录西周初年至春秋中叶305首诗歌，分为“风”“雅”“颂”三部分。

关雎[1]

关关雎鸠[2]，在河之洲[3]。窈窕淑女[4]，君子好逑[5]。
参差荇菜[6]，左右流之[7]。窈窕淑女，寤寐求之[8]。
求之不得，寤寐思服[9]。悠哉悠哉[10]，辗转反侧[11]。
参差荇菜，左右采之。窈窕淑女，琴瑟友之[12]。
参差荇菜，左右芼之[13]。窈窕淑女，钟鼓乐之。

（《诗集传》，中华书局2011年）

注释

[1] 关雎（jū）：篇名。《诗经》以作品首句中的几个字（一般是两个字）作为篇名。

[2] 关关：鸟和鸣声。雎鸠：一种水鸟。

[3] 河：黄河。洲：水中的陆地。

[4] 窈窕（yǎotiǎo）：内心和外貌都十分美好的样子。淑：品行纯洁善良。

[5] 逑（qiú）：配偶。

[6] 参差（cēncī）：长短不齐。荇（xìng）菜：一种可食用水生植物。

[7] 流：顺着水势去采。

[8] 寤：睡醒。寐：睡着。

[9] 思服：想念。

[10] 悠哉：形容思念深长的样子。

[11] 辗转反侧：在床上翻来覆去睡不着的样子。

[12] 琴瑟：古代弦乐器。友：亲爱。此处指用琴瑟作乐来表达爱意。

[13] 芼（mào）：拔取。

简析

选自《诗经·周南》。这是《诗经》开篇第一首，用水边雎鸠相伴和鸣，引发君子当配淑女的想象，又以采摘水中荇菜的描写，引出男子对意中人的相思与追求，是传诵千古的爱情诗歌名篇。

黍离

彼黍离离[1]，彼稷之苗[2]。行迈靡靡，中心摇摇[3]。知我者，谓我心忧；不知我者，谓我何求。悠悠苍天[4]，此何人哉？

彼黍离离，彼稷之穗。行迈靡靡，中心如醉。知我者，谓我心忧；不知我者，谓我何求。悠悠苍天，此何人哉？

彼黍离离，彼稷之实[5]。行迈靡靡，中心如噎[6]。知我者，谓我心忧；不知我者，谓我何求。悠悠苍天，此何人哉？

（《十三经注疏》上册《毛诗正义》，中华书局 1980 年）

注释

[1] 黍（shǔ）：一种谷物，去皮后称作大黄米。离离：果实累累的样子。

[2] 稷（jì）：谷子，去皮后为小米。

[3]“行迈”与“中心”句：在道路上行走，脚步缓慢，心神不定。行迈，远行。靡靡，缓慢的样子。中心，就是心中。摇摇，心神不安的样子。

[4] 悠悠：遥远的样子。

[5] 实：果实。

[6] 噎（yē）：堵塞。

简析

选自《诗经·王风》。主人公路过当年都城故址，所见只有默默生长的庄稼，时易世变，沧海桑田。身世之思，家国之痛，悲从中来，难以排遣。

蒹葭[1]

蒹葭苍苍[2]，白露为霜。所谓伊人[3]，在水一方[4]。遡洄从之[5]，道阻且长[6]。遡游从之[7]，宛在水中央[8]。

蒹葭萋萋[9]，白露未晞[10]。所谓伊人，在水之湄[11]。遡洄从之，道阻且跻[12]。遡游从之，宛在水中坻[13]。

蒹葭采采[14]，白露未已[15]。所谓伊人，在水之涘[16]。遡洄从之，道阻且右[17]。遡游从之，宛在水中沚[18]。

（《十三经注疏》上册《毛诗正义》，中华书局 1980 年）

注释

[1] 蒹葭（jiānjiā）：芦苇。

[2] 苍苍：茂盛的样子。

[3] 伊人：那个人。

[4] 在水一方：在河的另一边。

[5] 遡（sù）洄从之：沿着弯曲的水道向上追寻她。遡，同“溯”，逆着河流游走。洄，弯曲的水道。从，追寻。

[6] 阻：险阻。

[7] 游：笔直的水道。

[8] 宛：仿佛，好像。

[9] 萋萋：茂盛的样子。

[10] 晞（xī）：干。

[11] 湄（méi）：水边。

[12] 跻（jī）：升高。

[13] 坻（chí）：水中小块高地。

[14] 采采：茂盛鲜明的样子。

[15] 已：干，尽。

[16] 涘（sì）：水边。

[17] 右：道路弯曲。

[18] 沚（zhǐ）：水中陆地。

简析

选自《诗经·秦风》。一个深秋的清晨，主人公站在水边，思念的伊人若隐若现，芳踪难觅。芦苇丛中，痴心向往，上下求索，倩影渺茫。这种可望而不可即的意境，岂止出于伊人之慕，其实也传达出一种更为深刻而普遍的人生体验。

无衣[1]

岂曰无衣？与子同袍[2]。王于兴师[3]，修我戈矛[4]，与子同仇。

岂曰无衣？与子同泽[5]。王于兴师，修我矛戟[6]，与子偕作[7]。

岂曰无衣？与子同裳[8]。王于兴师，修我甲兵[9]，与子偕行。

（《诗集传》，中华书局 2011 年）

注释

[1] 衣：上衣。古时上曰衣，下曰裳。

[2] 袍：长衣，此处指战袍。

[3] 王：指周王。于：往。兴师：出兵。

[4] 戈：一种长柄兵器，用于横击和钩杀。矛：一种长柄上带有矛头的兵器，用于直刺。

[5] 泽：贴身的内衣，汗衣。

[6] 戟：一种戈、矛一体的长柄兵器，兼具横击、直刺的作用。

[7] 作：起，指军队出发。

[8] 裳：此处指战裙。

[9] 甲兵：铠甲与兵器。

简析

选自《诗经·秦风》。这是一首著名的战歌，表现了大敌当前秦国军人团结一致、舍生忘死的英雄气概和乐观精神。

月出

月出皎兮[1]，佼人僚兮[2]。舒窈纠兮[3]，劳心悄兮[4]。
月出皓兮[5]，佼人懰兮[6]。舒懮受兮[7]，劳心慅兮[8]。
月出照兮[9]，佼人燎兮[10]。舒夭绍兮[11]，劳心惨兮[12]。

（《诗集传》，中华书局2011年）

注释

[1] 皎：洁白，此处指月光。兮（xī）：语气词。

[2] 佼（jiǎo）人：美人。佼，亦作“姣”，美好。僚（liǎo）：通“嫽”，娇美。

[3] 舒：指女子步履从容舒缓。一说，发声词。窈纠（yǎojiǎo）：形容女子体态优美。

[4] 劳心：忧心。悄（qiǎo）：忧愁。

[5] 皓：光明。

[6] 懰（liǔ）：美好。

[7] 懮（yǒu）受：舒缓从容。

[8] 慅（cǎo）：忧愁不安。

[9] 照：明亮。

[10] 燎：美好。

[11] 夭绍：形容女子的体态轻盈多姿。

[12] 惨（cǎo）：通“懆”，忧愁不安。

简析

选自《诗经·陈风》。中国文学的望月怀人传统，本诗当为滥觞。三段意思相近，以月光之美起兴，引出佳人仪容之美、姿态动作之美，又以自己因之而生的无尽的怅惘收尾。

鹿鸣

呦呦鹿鸣[1]，食野之苹[2]。我有嘉宾，鼓瑟吹笙[3]。吹笙鼓簧[4]，承筐是将[5]。人之好我，示我周行[6]。

呦呦鹿鸣，食野之蒿。我有嘉宾，德音孔昭[7]。视民不恌[8]，君子是则是效[9]。我有旨酒[10]，嘉宾式燕以敖[11]。

呦呦鹿鸣，食野之芩[12]。我有嘉宾，鼓瑟鼓琴。鼓瑟鼓琴，和乐且湛[13]。我有旨酒，以燕乐嘉宾之心。

（《诗集传》，中华书局 2011 年）

注释

[1] 呦呦：象声词，鹿的叫声。

[2] 苹：青叶蒿类。

[3] 笙：由簧片、笙管和斗子组成的管乐器。

[4] 簧：笙上的舌片。

[5] 承：捧着，奉上。筐：盛币帛的竹器。将：奉献，送。

[6] 周行：大道，此处指至善之道。

[7] 德音：美好的名声。孔：很。昭：光明，明亮。

[8] 视：同“示”。恌（tiāo）：轻薄，轻佻。

[9] 则：法则，此处做动词。效：仿效。

[10] 旨：美味。

[11] 式：语助词。燕：同“宴”，宴会。敖：同“遨”，嬉游，游玩。

[12] 芩（qín）：芦苇一类植物。

[13] 湛：深厚，此处指酒酣尽兴。

简析

选自《诗经·小雅》。这是《小雅》的首篇，以鹿鸣起兴，表现了宴会上宾主互相敬爱、欢乐宴饮的场景。

左传

《左传》，又名《左氏春秋》，中国第一部叙事详细的编年体史书。相传为春秋末期鲁国人左丘明所著。

曹刿论战

十年春[1]，齐师伐我[2]。公将战[3]。曹刿请见[4]。其乡人曰[5]："肉食者谋之[6]，又何间焉[7]？"刿曰："肉食者鄙[8]，未能远谋。"乃入见，问何以战[9]。公曰："衣食所安[10]，弗敢专也[11]，必以分人。"对曰："小惠未徧[12]，民弗从也。"公曰："牺牲玉帛[13]，弗敢加也。必以信[14]。"对曰："小信未孚[15]，神弗福也[16]。"公曰："小大之狱[17]，虽不能察[18]，必以情[19]。"对曰："忠之属也[20]，可以一战。战，则请从。"

公与之乘[21]。战于长勺[22]。公将鼓之[23]。刿曰："未可。"齐人三鼓。刿曰："可矣！"齐师败绩[24]。公将驰之[25]。刿曰："未可。"下，视其辙[26]，登轼而望之[27]，曰："可矣！"遂逐齐师[28]。

既克[29]，公问其故。对曰："夫战[30]，勇气也。一鼓作气[31]，再而衰[32]，三而竭[33]。彼竭我盈[34]，故克之。夫大国，难测也，惧有伏焉[35]。吾视其辙乱，望其旗靡[36]，故逐之。”

（《春秋左传注》，中华书局 1981 年）

注释

[1] 十年：即鲁庄公十年（公元前 684 年）。

[2] 师：军队。伐：讨伐，攻打。我：指鲁国。

[3] 公：诸侯的通称，此处指鲁庄公。

[4] 请：拜谒。

[5] 乡人：同乡的人。

[6] 肉食者：指身居高位的人。谋：谋划，商议。

[7] 间（jiàn）：参与。

[8] 鄙：目光短浅。

[9] 何以战：即“以何战”，靠什么去作战？

[10] 衣：指穿的。食：指吃的。所安：安身之物。

[11] 弗：不。专：独享。

[12] 惠：恩惠，好处。徧（biàn）：遍，周遍。

[13] 牺牲：祭祀用的牲畜。玉帛：祭祀用的宝玉、丝绸等。

[14] 信：诚实。

[15] 孚（fú）：信服，信从。

[16] 福：保佑。

[17] 狱：诉讼案件。

[18] 虽：即使。察：明察。

[19] 必以情：一定根据实际情况处理得合情合理。

[20] 忠：尽心竭力。

[21] 乘：乘车。

[22] 长勺：鲁国地名，今山东曲阜以北，一说莱芜东北。

[23] 鼓：动词，击鼓。

[24] 败绩：大败。

[25] 驰：追赶。

[26] 辙（zhé）：车轮碾过的痕迹。

[27] 轼：古代车厢前用以扶手的横木。

[28] 逐：追赶。

[29] 克：战胜。

[30] 夫（fú）：句首语气词。

[31] 作气：振作士气。

[32] 衰：（勇气）衰落。

[33] 竭：尽。

[34] 盈：充沛，旺盛。

[35] 伏：埋伏。

[36] 靡：倒下。

简析

本文记录了长勺之战前曹刿与鲁庄公的对话，讲述了在他指挥下鲁军获胜的史实，表现了曹刿缜密的思维和自信的心态，简洁精练，通达晓畅。

老子

老子，姓李名耳，字聃，春秋时期人，河南鹿邑（一说安徽涡阳）人。道家学派创始人和主要代表人物，与庄子并称“老庄”，著《道德经》（又名《老子》）。

《道德经》第八章

上善若水[1]。水善利万物而不争[2]，处众人之所恶[3]，故几于道[4]。居善地，心善渊，与善仁，言善信，政善治，事善能，动善时。[5]夫唯不争，故无尤[6]。

（《老子注》，中华书局 2006 年）

注释

[1] 上善：即最善。上，最。若：像。

[2] 利万物：给万物带来好处。

[3] 处：居于。恶（wù）：厌恶，讨厌。

[4] 故：所以。几（jī）：接近。道：道家的核心思想，此处指个人修养的准则。

[5] “居善地”全句：居处善于选择地方，心胸善于保持沉静，待人善讲仁爱，说话善于守信，为政善于治理国家，处事善于发挥才能，行动善于把握时机。心，心胸。与，与别人相处。

[6] 尤：过失，过错。

简析

所谓“上善”其实就是靠近“道”的状态，这里将其形象化为水，若能学习水的优良品性，便可近“道”。

论语

孔子（前551—前479），名丘，字仲尼，春秋时期鲁国陬邑（今山东曲阜）人。儒家学派创始人。晚年修订六经，即《诗》《书》《礼》《乐》《易》《春秋》。孔子去世后，其弟子及再传弟子把孔子及其弟子的言行、语录和思想记录下来，整理并编成《论语》一书，该书被奉为儒家经典。

学而（节选）

子曰："学而时习之[1]，不亦说乎[2]？有朋自远方来，不亦乐乎？人不知而不愠[3]，不亦君子乎？"

曾子曰："吾日三省吾身[4]：为人谋而不忠乎[5]？与朋友交而不信乎[6]？传不习乎[7]？"

子曰："君子食无求饱[8]，居无求安，敏于事而慎于言，就有道而正焉[9]，可谓好学也已。"

（《十三经注疏》下册《论语注疏》，中华书局1980年）

注释

[1] 时：按时。习：温习。

[2] 说（yuè）：喜悦，后来写作"悦"。

[3] 人不知：别人不了解（自己）。知，了解。愠（yùn）：发怒，生气。

[4] 日：每天。三：不确指，多次。省（xǐng）：检查，反省。

[5] 忠：尽心尽力。

[6] 信：诚实。

[7] 传（chuán）：老师传授的知识。

[8] 无：通“毋”，不要。

[9] 就有道：意思是向有道德的人请教。就，走向，靠近。

简析

选自《论语·学而》。《学而》是《论语》第一篇，以论学始：学以致用可感学有所获之愉悦；同道游学互访可享声气相求之快乐；不被理解或怀瑾握瑜、才美不为外人知而不以为意，终成君子之仁德。另外两段也不离学习这一要义：要做君子，就要时时自励自省，一方面要常常检点自己做人做事够不够忠信，学业方面是否勤奋上进，另一方面要不断提醒自己切勿贪恋物质享受，还要谨小慎微，多向身边的榜样学习，坚持正道直行。

为政（节选）

子曰："温故而知新，可以为师矣。"

子曰："学而不思则罔[1]，思而不学则殆[2]。"

子曰："由[3]，诲女知之乎[4]！知之为知之，不知为不知，是知也[5]。"

子曰："人而无信[6]，不知其可也。大车无輗[7]，小车无軏[8]，其何以行之哉[9]？"

（《十三经注疏》下册《论语注疏》，中华书局 1980 年）

注释

[1] 罔（wǎng）：惘然无所得。

[2] 殆（dài）：危险，此处指有害处。

[3] 由：仲由，字子路，孔子的弟子。

[4] 诲（huì）：教导。女（rǔ）：你，后写作"汝"。

[5] 是：指示代词，这，指"知之为知之，不知为不知"。

[6] 而：连词，此处含有假设意味，如果。

[7] 大车：此处指牛车。輗（ní）：古代牛车关键部件，连接车辕与车轭。

[8] 小车：此处指马车。軏（yuè）：古代马车关键部件，连接车辕与车衡。

[9] 何以：就是“以何”，意思是“凭什么”。

简析

选自《论语·为政》。这几段文字分别谈到了学习方法、学习与思考的关系、学习态度和诚信的重要性。

里仁（节选）

子曰："朝闻道，夕死可矣。"

子曰："君子喻于义[1]，小人喻于利。"

（《十三经注疏》下册《论语注疏》，中华书局 1980 年）

注释

[1] 喻：明白，懂得。

简析

选自《论语·里仁》。悟得人生终极智慧即可达到真正的心安状态，从容安乐，无忧无惧，这样的话，即便很快死掉也不虚此生。君子和小人价值取向完全不同：道德高尚者懂得的、看重的、追求的，是道义，而品质低劣者眼中、心中只有利益。君子于事必辨其是非，小人于事必计其利益。

公冶长（节选）

宰予昼寝[1]，子曰：“朽木不可雕也，粪土之墙不可杇也[2]。于予与何诛[3]？”子曰：“始吾于人也[4]，听其言而信其行；今吾于人也，听其言而观其行。于予与改是[5]。”

子贡问曰[6]：“孔文子何以谓之文也[7]？”子曰：“敏而好学，不耻下问[8]，是以谓之文也。”

颜渊、季路侍[9]，子曰：“盍各言尔志[10]？”子路曰：“愿车马、衣轻裘与朋友共[11]，敝之而无憾[12]。”颜渊曰：“愿无伐善[13]，无施劳[14]。”子路曰：“愿闻子之志。”子曰：“老者安之，朋友信之，少者怀之。[15]”

（《十三经注疏》下册《论语注疏》，中华书局 1980 年）

注释

[1] 宰予：字子我，孔子的弟子。

[2] 杇（wū）：同“圬”，抹墙，此处指粉刷。

[3] 予：宰予。与：语气词。诛：责备，谴责。

[4] 始：起初，先前。

[5] 是：这种（做法）。

[6] 子贡：姓端木，名赐，字子贡，孔子的弟子。

[7] 孔文子：卫国大夫，名圉，谥号“文”。何以：“以何”，为什么。谓：称作。

[8] 下问：即向下问，向不如自己的人请教。

[9] 颜渊：名回，孔子的弟子。季路：即仲由、子路。侍：学生陪伴在老师身旁。

[10] 盍（hé）：“何不”的合音字。

[11] 衣轻裘：据阮元《论语注疏校勘记》唐石经初刻本无“轻”字。共：共享。

[12] 敝：此处是用坏的意思。憾：懊恼。

[13] 伐：夸耀。

[14] 施：施加。

[15] 安、信、怀：此处都是使动用法。怀，归附。

简析

选自《论语·公冶长》。宰予能言善辩，但他白天偷懒睡觉被孔子发现，孔子不仅对他进行严厉批评，还说要由“听其言而信其行”变为“听其言而观其行”。看来宰予之所以让孔子如此动怒，除了不珍惜时光，还有言行不一的问题。第二段中的“敏而好学，不耻下问”，是孔子心目中最正确的学习态度，也是他自己一生的行为习惯。第三段中三种人格特点和三种境界——子路的豪爽慷慨，颜渊的谦和律己，孔子的大爱无疆、至善无痕，跃然纸上。

雍也（节选）

子曰："贤哉回也！一箪食[1]，一瓢饮[2]，在陋巷，人不堪其忧，回也不改其乐。贤哉回也！"

（《十三经注疏》下册《论语注疏》，中华书局 1980 年）

注释

[1] 箪（dān）：圆形有盖的竹制食器。

[2] 饮：此处用作名词，饮料。

简析

君子不会被物质生活所绑架，能够始终保持一颗安宁恬淡之心。他们的快乐不在于物质享受，而在于精神情操的追求。所谓"孔颜乐处"，就是指儒士这种安贫乐道、达观自信的处世态度与人生境界。

述而（节选）

子曰："默而识之[1]，学而不厌[2]，诲人不倦，何有于我哉[3]？"

子曰："德之不修[4]，学之不讲[5]，闻义不能徙[6]，不善不能改，是吾忧也。"

子曰："不愤不启，不悱不发[7]，举一隅不以三隅反[8]，则不复也。"

子曰："饭疏食[9]，饮水，曲肱而枕之[10]，乐亦在其中矣。不义而富且贵，于我如浮云。"

子曰："三人行，必有我师焉[11]。择其善者而从之，其不善者而改之。"

（《十三经注疏》下册《论语注疏》，中华书局 1980 年版）

注释

[1] 识（zhì）：记住。

[2] 厌：满足。

[3] 何有于我哉：对我来说有什么呢？意思是不难做到。

[4] 修：修养，培养。

[5] 讲：研究。

[6] 徙：改变（不义的做法）。

[7]“不愤不启”二句：意思是先让学生积极思考，再进行适时启发。愤（fèn）、悱（fěi），思虑郁积、想说又说不出的样子。

[8] 隅（yú）：角落。反：推求，类推。

[9] 饭：用作动词，吃。疏食：粗劣的饭食。

[10] 肱（gōng）：指胳膊。

[11] 三人：非实指，几个人。焉：相当于“于是”，在其中。

简析

选自《论语・述而》。这几段文字中，孔子自明心志，进行自我评价，说出了自己的道德志向。我们看到，他的忧乐所系只在于进德修身。这些话也能让我们充分感受到他勤奋好学的精神与谦和坦诚的品格。

泰伯（节选）

曾子曰："士不可以不弘毅[1]，任重而道远。仁以为己任[2]，不亦重乎？死而后已[3]，不亦远乎？"

（《十三经注疏》下册《论语注疏》，中华书局 1980 年）

注释

[1] 弘：大，此处指心胸宽广。毅：坚强。

[2]"仁以"句：即"以仁为己任"。

[3] 已：停止。

简析

选自《论语·泰伯》。曾子之言，字字千钧，道出了做一个理想远大、道德高尚的君子大丈夫所要承受的沉重压力和所要经历的漫长道路。走上这条路，一定要心胸宽广，意志刚强，因为把追求和弘扬"仁"作为自己的使命，就意味着挑上了一个"知其不可而为之"的如山重担，必持之以恒，死而后已。

子罕（节选）

子在川上曰："逝者如斯夫[1]！不舍昼夜[2]。"

子曰："三军可夺帅也，匹夫不可夺志也。"

子曰："岁寒，然后知松柏之后凋也[3]。"

（《十三经注疏》下册《论语注疏》，中华书局 1980 年）

注释

[1] 逝者：逝去的事物。斯：指川流。夫（fú）：语气词。

[2] 舍：停止。

[3] 凋：凋零。

简析

选自《论语·子罕》。这几段文字提醒我们要珍惜时光，天天向上，还要择善固执，不能因任何外力威胁阻遏而屈志变节。

乡 党（节选）

厩焚[1]，子退朝，曰："伤人乎？" 不问马。

（《十三经注疏》下册《论语注疏》，中华书局 1980 年）

注释

[1] 厩（jiù）：马棚。

简析

选自《论语·乡党》。这句话反映了孔子重人轻物的仁爱精神。

先进（节选）

子路、曾皙、冉有、公西华侍坐[1]。

子曰："以吾一日长乎尔，毋吾以也[2]。居则曰：'不吾知也[3]。'如或知尔[4]，则何以哉[5]？"

子路率尔而对曰[6]："千乘之国[7]，摄乎大国之间[8]，加之以师旅[9]，因之以饥馑[10]，由也为之[11]，比及三年[12]，可使有勇，且知方也[13]。"

夫子哂之[14]。

"求，尔何如？"

对曰："方六七十[15]，如五六十[16]，求也为之，比及三年，可使足民。如其礼乐，以俟君子[17]。"

"赤！尔何如？"

对曰："非曰能之，愿学焉。宗庙之事，如会同[18]，端章甫[19]，愿为小相焉[20]。"

"点，尔何如？"

鼓瑟希[21]，铿尔[22]，舍瑟而作[23]，对曰："异乎三子者之撰[24]。"

子曰："何伤乎[25]？亦各言其志也。"

曰："莫春者[26]，春服既成，冠者五六人，童子六七人[27]，浴乎沂，风乎舞雩，咏而归。"

夫子喟然叹曰[28]："吾与点也[29]！"

三子者出，曾皙后。曾皙曰："夫三子者之言何如？"

子曰："亦各言其志也已矣。"

曰："夫子何哂由也？"

曰："为国以礼，其言不让[30]，是故哂之。"

"唯求则非邦也与？"

"安见方六七十、如五六十而非邦也者？"

"唯赤则非邦也与？"

"宗庙会同，非诸侯而何？赤也为之小，孰能为之大？"

（《十三经注疏》下册《论语注疏》，中华书局 1980 年）

注释

[1] 曾皙：名点，曾参的父亲，孔子的弟子。公西华：复姓公西，名赤，字子华，孔子的弟子。

[2] "以吾"二句：历来有不同的解释。一说"不要因为我比你们年长一些，你们就停止回答我的问题"，一说"因为我比你们年长一些，就没有人用我了"。

[3] 居：平日，平时。不吾知：即"不知吾"。

[4] 或：无定代词，有人。

[5] 何以：即"以何"，凭什么。

[6] 率尔：轻率的样子。

[7] 千乘之国：有一千辆兵车的诸侯国。在春秋后期是中等国家。

[8] 摄：夹。乎：于，在。

[9]“加之”句：指国外有入侵者。加，加在上面。师旅，军队。

[10]“因之”句：指国内有饥荒。因，动词，接着。饥馑，饥荒。

[11] 为：治理。

[12] 比及：等到。

[13] 方：道义，道理。

[14] 哂（shěn）：笑。

[15] 方：见方。

[16] 如：连词，或者。

[17] 俟（sì）：等待。

[18] 会：诸侯之间的盟会。同：诸侯共同朝见天子。

[19] 端：古代的一种礼服，由整幅布制成，又名玄端。章甫：古代的一种礼帽。此处都用作动词，意思是“穿着礼服，戴着礼帽”。

[20] 相：在祭祀、会盟或朝见天子时主持赞礼和司仪的人。

[21] 鼓：弹奏。瑟：古乐器。希：同“稀”，稀疏，指鼓瑟的声音已接近尾声。

[22] 铿尔：形容鼓瑟发出的声音。

[23] 舍：放下。作：立起来，站起身。

[24] 撰：才干，才能。

[25] 伤：妨害。

[26] 莫春：指农历三月。莫，通“暮”。

[27]“冠者”与“童子”句：几个成人，几个孩子。五六，六七，都是虚数。

[28] 喟（kuì）然：叹息的样子。

[29] 与：赞成。

[30] 让：谦让。

简析

选自《论语·先进》。“侍坐”是论语中最长的一个完整章节，记录了孔子和四位弟子关于理想的一次讨论。老师亲切自然地提出问题，学生们坦诚轻松地畅所欲言，老师又恰如其分地做出总结点评，充分体现了孔子因材施教、循循善诱的教学风格。本篇用词精当，描写传神，人物的言语、动作鲜活地反映出各自的个性风采。

宪问（节选）

子曰："君子道者三[1]，我无能焉：仁者不忧，知者不惑，勇者不惧。"子贡曰："夫子自道也。"

（《十三经注疏》下册《论语注疏》，中华书局 1980 年）

注释

[1] 君子道：即君子之道。

简析

选自《论语·宪问》。孔子提出了做君子的标准，即"仁、智、勇"这"三大德"。仁爱者不计较个人得失，对什么都能处之泰然，所以不忧愁；智慧者不被表象困扰，能看透事物实质，所以不困惑；勇敢者道义当先，满身正气，能够坦然面对任何危难，所以不忧惧。这三者也是中国传统文化心理中最有代表性的理想人格特征。

季氏[1]（节选）

季氏将伐颛臾[2]。冉有、季路见于孔子[3]，曰："季氏将有事于颛臾[4]。"

孔子曰："求，无乃尔是过与[5]？夫颛臾，昔者先王以为东蒙主[6]，且在邦域之中矣。是社稷之臣也[7]，何以伐为[8]？"

冉有曰："夫子欲之；吾二臣者，皆不欲也。"

孔子曰："求，周任有言曰[9]：'陈力就列，不能者止[10]。'危而不持[11]，颠而不扶[12]，则将焉用彼相矣[13]？且尔言过矣[14]。虎兕出于柙[15]，龟玉毁于椟中[16]，是谁之过与？"

冉有曰："今夫颛臾，固而近于费[17]，今不取，后世必为子孙忧。"

孔子曰："求！君子疾夫舍曰欲之而必为之辞[18]。丘也闻有国有家者[19]，不患寡而患不均[20]，不患贫而患不安。盖均无贫，和无寡，安无倾。夫如是[21]，故远人不服，则修文德以来之[22]。既来之，则安之。今由与求也，相夫子，远人不服而不能来也，邦分崩离析而不能守也，而谋动干戈于邦内[23]，吾恐季孙之忧不在颛臾，而在萧墙之内也[24]。”

（《十三经注疏》下册《论语注疏》，中华书局 1980 年）

注释

[1] 季氏：季孙氏，此处指季康子，鲁国专权的大夫，名肥。

[2] 颛臾（Zhuānyú）：小国，是鲁国的属国，故城在今山东费县西北。

[3] 见：拜见。

[4] 事：此处指军事行动。

[5]“无乃”句：恐怕要责备你吧？“无乃……与”相当于现代汉语的“恐怕……吧”。尔是过，责备你。是，代词，复指前置宾语“尔”。过，责备。

[6] 东蒙主：主管祭祀东蒙山的人。

[7] 是：代词，指颛臾。社稷：国家，此处指鲁国。社，土神。稷，谷神。

[8] 何以伐为：为什么要攻打它呢？何以……为，表反问语气。

[9] 周任：上古时期的史官。

[10]“陈力”二句：能施展自己才能，就接受职位；如若不能，就应辞去职务。陈，施展。就，担任。列，职位。止，不去。

[11] 危：站不稳。持：护持。

[12] 颠：跌倒。扶：搀扶。

[13] 相（xiàng）：搀扶盲人走路的人。

[14] 过：错。

[15] 兕（sì）：雌犀牛。柙（xiá）：关猛兽的笼子。

[16] 椟（dú）：匣子。

[17] 固：指城郭坚固。近：靠近。费（古读 bì）：季氏的私邑，在今山东费县。

[18]“君子”句：君子讨厌那些不肯说（自己）想要什么而偏要找借口的人。疾，痛恨。夫，代词，那，那种。舍，舍弃。

[19] 有国有家者：诸侯和大夫。国，诸侯统治的政治区域。家，卿大夫统治的政治区域。

[20] 患：担心。寡：指人口少。

[21] 如是：像这样。

[22] 修：修治。来：招致，使……来（归附）。

[23] 干戈：指军事战争。干：盾牌。戈：古代用来刺杀的一种长柄兵器。

[24] 萧墙：国君宫门内迎门的小墙，又叫作屏。此处借指宫廷。

简析

选自《论语 · 宪问》。本文记述的是孔子和学生冉有、子路的一场对话。学生三次陈述，孔子三次对答，讨论的是鲁国贵族季氏企图发动战争攻打小国颛臾的问题。孔子批评学生，抨击季氏，阐明了自己的政治主张，即反对武力征伐，主张施行仁政。全文层次分明，脉络清晰，语言畅达多变，具有不容置疑的说服力。

微子（节选）

子路从而后[1]，遇丈人[2]，以杖荷蓧[3]。

子路问曰："子见夫子乎？"

丈人曰："四体不勤[4]，五谷不分，孰为夫子？"植其杖而芸[5]。

子路拱而立[6]。

止子路宿，杀鸡为黍而食之[7]，见其二子焉[8]。

明日，子路行。以告。子曰："隐者也。"使子路反见之，至则行矣。

子路曰："不仕无义[9]。长幼之节，不可废也；君臣之义，如之何其废之？欲洁其身而乱大伦[10]！君子之仕也，行其义也，道之不行[11]，已知之矣。"

（《十三经注疏》下册《论语注疏》，中华书局 1980 年）

注释

[1]"子路"句：子路跟随老师而落在后面了。

[2] 丈人：老人。

[3] 荷（hè）：用肩扛。蓧（diào）：古代除草用具。

[4] 四体：四肢。勤：劳。

[5] 植：通“置”。芸：通“耘”，锄草。

[6] 拱：拱手，表示尊敬。

[7] 为黍：做黄米饭。黍，黄米。食之：使之食。

[8] 见（xiàn）：使……拜见（子路）。

[9] 不仕无义：不做官就失掉了君臣之义。

[10] 大伦：封建社会的基本伦理道德。

[11] 道：儒家的政治理想。行：推行，实现。

简析

选自《论语·微子》。孔子让子路返回，就是想让他转告两个意思：一是隐者“不仕无义”；二是自己乃知其不可而为之，是“行其义也”。

孟子

孟子（前 372—前 289），名轲，邹国人。儒家学派主要代表人物之一，其言论和思想集中体现在《孟子》一书中。

公孙丑下（节选）

孟子曰：天时不如地利[1]，地利不如人和[2]。

故曰[3]：域民不以封疆之界[4]，固国不以山溪之险[5]，威天下不以兵革之利[6]。得道者多助，失道者寡助[7]。

（《十三经注疏》下册《孟子注疏》，中华书局 1980 年）

注释

[1] 天时：指气候、时令等条件。地利：指有利于作战的地形、地势条件。

[2] 人和：指民众的支持以及内部团结一致。

[3] 故：因此，所以。

[4]“域民”句：不能依靠国家边境的界限来使人民在固定区域定居下来。域民，使人民定居下来。以，介词，用，依靠。封，边境。疆，边疆。

[5]“固国”句：不能依赖山河的险要来巩固国家的安全。固，巩固。溪，小河。险，险要。

[6]“威天下”句：不能靠武力的强大来震慑天下。威，震慑，树立威望。兵革，武器，此处指军力、武力。

[7]“得道”二句：能行仁政的统治者，帮助支持他的人就多，不施行仁政的统治者，支持帮助他的人就少。得道者，施行仁政的统治者。失道者，不施行仁政的统治者。

简析

选自《孟子·公孙丑下》。本文中，孟子提出了“天时、地利、人和”的概念，并层层深入地揭示出“人和”即“仁政”的重要意义。文章脉络清晰，逻辑性强，具有恢宏的气势和强大的说服力。

滕文公下（节选）

孟子曰："富贵不能淫[1]，贫贱不能移[2]，威武不能屈[3]，此之谓大丈夫[4]。"

（《十三经注疏》下册《孟子注疏》，中华书局 1980 年）

注释

[1] 淫：使心志动摇。

[2] 移：改变节操。

[3] 屈：使意志屈服。

[4] "此之谓"句：这才是所说的"大丈夫"。

简析

选自《孟子·滕文公下》。孟子心目中的大丈夫，不是把顺从当作准则，靠顺从而获得所谓"成功"者，而是居于仁、立于礼、行于义，"穷则独善其身，达则兼济天下"的堂堂正正的人。

告子上（节选）

孟子曰："鱼，我所欲也[1]；熊掌，亦我所欲也[2]。二者不可得兼[3]，舍鱼而取熊掌者也。生，亦我所欲也[4]；义，亦我所欲也[5]。二者不可得兼，舍生而取义者也[6]。"

（《十三经注疏》下册《孟子注疏》，中华书局 1980 年）

注释

[1]"鱼我所"句：鱼是我想要的东西。欲，想要。

[2] 亦：也。

[3] 得兼：同时具有。

[4]"生亦我"句：生命是我想要的。

[5]"义亦我"句：道义也是我想要的。

[6]"舍生"句：舍弃生命而选取道义。

简析

选自《孟子·告子上》。这段话表达了孟子一个重要的思想：义与生，如果二者不能两全，则舍生而取义。

告子下（节选）

孟子曰："舜发于畎亩之中[1]，傅说举于版筑之间[2]，胶鬲举于鱼盐之中[3]，管夷吾举于士[4]，孙叔敖举于海[5]，百里奚举于市[6]。故天将降大任于是人也[7]，必先苦其心志[8]，劳其筋骨[9]，饿其体肤[10]，空乏其身[11]，行拂乱其所为[12]，所以动心忍性[13]，曾益其所不能[14]。人恒过[15]，然后能改。困于心[16]，衡于虑[17]，而后作[18]；征于色[19]，发于声[20]，而后喻[21]。入则无法家拂士，出则无敌国外患者，国恒亡[22]。然后知生于忧患，而死于安乐也[23]。"

（《十三经注疏》下册《孟子注疏》，中华书局 1980 年）

注释

[1] 舜：传说中的父系氏族社会后期部落联盟首领，上古五帝之一。发：指被任用。畎（quǎn）亩：耕田。畎，田间水渠。

[2]"傅说"句：傅说从筑墙工作中被举用。傅说（Fù Yuè），商朝时的一位贤人，因罪服刑，在傅险（又作傅岩，在今山西平陆东）筑墙，后被商王武丁求得并提拔为相。举，被选拔。版筑，古代筑墙的方法，在两块夹板中间放土，用杵捣土，使它坚实。筑，捣土用的杵。

[3] 胶鬲（Jiāo Gé）：商纣王时的大臣。鱼盐：此处指在海边捕鱼、晒盐等工作。

[4]"管夷吾"句：管夷吾从狱官手里释放后被举用为国相。管夷吾，即管仲，曾被鲁人

囚禁押回齐国，后由鲍叔牙推荐，担任齐国的相。士，狱官。

[5] 孙叔敖：楚国隐士，后被楚庄王提拔为令尹。

[6] 百里奚（Bǎilǐxī）：又作百里傒，曾辅佐秦穆公称霸。市：市井。

[7] 任：责任。是人：这样的人。

[8] 苦其心志：使他的内心痛苦。

[9] 劳其筋骨：使他的筋骨劳累。

[10] 饿其体肤：使他经受饥饿，以致肌肤消瘦。

[11] 空乏其身：使他深受贫困之苦。

[12]“行拂”句：使他做的事颠倒错乱。行，指每一行为，每做一件事。拂，违背，不顺。所为，做的事情。

[13]“所以”句：来使他的内心警觉，使他的性格坚韧。所以，用这些来……。

[14]“曾益”句：增加他不具备的才能。曾益，增加。曾，通“增”。

[15] 恒：常常。过：犯错。

[16] 困于心：内心困苦。

[17] 衡于虑：思虑堵塞。衡，通“横”，堵塞不通。

[18] 而后作：然后才能奋起。作，奋起，指有所作为。

[19] 征于色：表现于脸色。征，表现。

[20] 发于声：抒发到声音中。

[21] 而后喻：（看到他的脸色，听到他的声音）然后人们才了解他。喻，明白，了解。

[22]“入则”三句：一个国家如果国内没有坚持法度的大臣和辅佐君主的贤士，国外没有势均力敌的国家和外患，便经常导致灭亡。入，指在国内。法家，守法度的大臣。拂（bì）士，辅佐君王的贤士。拂，通“弼”，辅佐。出，指在国外。敌国，势力、地位相等的国家。

[23]“然后”二句：这样之后才知道因有忧患而得以生存，因沉迷安乐而灭亡。然，这样。

简析

选自《孟子·告子下》。作者先列举了六位先贤历尽磨难最终获得成功的例子，证明了困苦折磨能够使人奋发有为，而忧患则生、安乐则亡的规律不仅适用于个人，同样适用于国家。论证严密，雄辩有力。

庄子

庄子（约前369—前286），战国时期宋国蒙人，道家学派代表人物，与老子并称“老庄”，著作有《庄子》。

逍遥游（节选）

北冥有鱼[1]，其名为鲲[2]。鲲之大，不知其几千里也。化而为鸟，其名为鹏。鹏之背，不知其几千里也；怒而飞[3]，其翼若垂天之云[4]。是鸟也，海运则将徙于南冥[5]。南冥者，天池也[6]。

《齐谐》者[7]，志怪者也[8]。《谐》之言曰：“鹏之徙于南冥也，水击三千里[9]，抟扶摇而上者九万里[10]，去以六月息者也[11]。”野马也[12]，尘埃也，生物之以息相吹也。天之苍苍[13]，其正色邪[14]？其远而无所至极邪[15]？其视下也[16]，亦若是则已矣。

且夫水之积也不厚[17]，则其负大舟也无力[18]。覆杯水于坳堂之上[19]，则芥为之舟[20]；置杯焉则胶[21]，水浅而舟大也。风之积也不厚，则其负大翼也无力。故九万里，则风斯在下矣[22]，而后乃今培风[23]；背负青天而莫之夭阏者[24]，而后乃今将图南[25]。

蜩与学鸠笑之曰[26]：“我决起而飞[27]，抢榆枋[28]，时则不至而控于地而已矣[29]，奚以之九万里而南为[30]？”适莽苍者[31]，三餐而反[32]，腹犹果然[33]；适百里者，宿舂粮[34]；适千里者，三月聚粮。之二虫[35]，又何知！

小知不及大知[36]，小年不及大年[37]。奚以知其然也？朝菌不知晦朔[38]，蟪蛄不知春秋[39]，此小年也。楚之南有冥灵者[40]，以五百岁为春，五百岁为秋；上古有大椿者[41]，以八千岁为春，八千岁为秋。而彭祖乃今以久特闻[42]，众人匹之[43]，不亦悲乎？

（《庄子集释》，中华书局 1961 年）

注释

[1] 冥：通“溟”，海。

[2] 鲲（kūn）：原指鱼卵，此处指传说中的大鱼。

[3] 怒：振奋，奋发。

[4] 垂天之云：天边的云彩，此处形容鹏的翅膀之大。垂，通“陲”，边。一说悬挂。

[5] 海运：海水运动。一说，在海面上运行。

[6] 天池：天然形成的大池。

[7] 齐谐：书名，一说人名。

[8] 志：记载。

[9] 击：拍击。

[10] 抟（tuán）：盘旋上升。扶摇：旋风。

[11] 去：离开。息：气息，此处指风。

[12] 野马：野外如奔马状蒸腾的雾气。

[13] 苍苍：深蓝色。

[14] 其：大概。正色：本来的颜色。

[15] 极：尽头。

[16] 其：指鹏。

[17] 且夫：况且。

[18] 负：承载。

[19] 覆：倒。坳（ào）堂：堂上的低洼处。

[20] 芥：小草。

[21] 胶：黏住。

[22] 斯：于是。

[23] 而后乃今：然后才开始。培：凭借，依赖。

[24] 夭阏（è）：联绵字，阻拦。

[25] 图南：谋划往南飞。图，谋划。

[26] 蜩（tiáo）：蝉。学鸠：小鸟名。

[27] 决（xuè）起：迅速飞起。

[28] 抢（qiāng）：撞。榆枋：两种树名。

[29] 时则：有时或者。控：投，落下。

[30] 奚：为什么。为：疑问语气助词。

[31] 适：去往。莽苍：景色迷茫的郊野。

[32] 反：同“返”。

[33] 果然：饱满的样子。

[34] 宿舂粮：用一宿的时间捣米储备粮食。舂，把东西放入石臼捣去外皮或捣碎。

[35] 之：这。

[36] 知（zhì）：同“智”。

[37] 年：寿命。

[38] 朝（zhāo）菌：一种生长期很短，朝生暮死的菌类。晦朔：朔与晦原指每月第一天和最后一天，此处指早与晚，一天的时光。

[39] 蟪蛄（huìgū）：寒蝉，春生夏死，夏生秋死。

[40] 冥灵：神话中的古树名。一说为冥海灵龟。

[41] 椿：椿树。

[42] 彭祖：古代传说中长寿的人，据说活了八百岁。乃今：现在。久：指长寿。特：独。

[43] 众人：一般人。匹：比。

简析

选自《庄子·内篇》，是《庄子》的首篇。此文主题是追求一种绝对自由的人生观，“逍遥”是指人超越了世俗观念的限制而达到最大的精神自由，“游”是指精神之游。逍遥游就是超脱万物、无所依赖、绝对自由的精神境界。

荀子

荀子（约前313—前238），名况，时人尊而号为“卿”，战国末期赵国人。荀子对儒家思想有所发展，在人性问题上，提倡性恶论。著有《荀子》一书。

劝学（节选）

君子曰：学不可以已[1]。青，取之于蓝[2]，而青于蓝[3]；冰，水为之，而寒于水。木直中绳[4]，輮以为轮[5]，其曲中规[6]，虽有槁暴[7]，不复挺者[8]，輮使之然也[9]。故木受绳则直，金就砺则利[10]，君子博学而日参省乎己[11]，则知明而行无过矣[12]。

吾尝终日而思矣，不如须臾之所学也[13]；吾尝跂而望矣[14]，不如登高之博见也。登高而招，臂非加长也[15]，而见者远；顺风而呼，声非加疾也[16]，而闻者彰[17]。假舆马者[18]，非利足也[19]，而致千里[20]；假舟楫者[21]，非能水也[22]，而绝江河[23]。君子生非异也[24]，善假于物也[25]。

南方有鸟焉，名曰蒙鸠[26]。以羽为巢[27]，而编之以发[28]，系之苇苕[29]，风至苕折，卵破子死。巢非不完也，所系者然也[30]。西方有木焉，名曰射干[31]，茎长四寸，生于高山之上，而临百仞之渊[32]。木茎非能长也，所立者然也[33]。蓬生麻中[34]，不扶而直；白沙在涅[35]，与之俱黑。兰槐之根是为芷[36]，其渐之滫[37]，君子不近，庶人不服[38]。其质非不美也，所渐者然也[39]。故君子居必择乡，游必就士，所以防邪辟而近中正也[40]。

积土成山，风雨兴焉[41]；积水成渊，蛟龙生焉[42]；积善成德，而神明自得，圣心备焉[43]。故不积跬步[44]，无以至千里[45]；不积小流，无以成江海。骐骥一跃[46]，不能十步；驽马十驾，功在不舍[47]。锲而舍之，朽木不折[48]；锲而不舍，金石可镂[49]。蚓无爪牙之利、筋骨之强[50]，上食埃土[51]，下饮黄泉[52]，用心一也[53]。蟹六跪而二螯[54]，非蛇、鳝之穴无可寄托者[55]，用心躁也[56]。

（《荀子新注》，中华书局 2018 年）

注释

[1] 已：停止。

[2] 青：颜料。蓝：即蓼蓝，一种草本植物，可从叶中提炼蓝色染料。

[3] 青：此处做形容词理解。

[4] 中（zhòng）：符合。绳：木工取直用的墨绳。

[5] 輮（róu）：通“煣”，用火熏烤使直的木料变弯曲。

[6] 规：圆规，木匠画圆用的工具。

[7] 有：通“又”，再。槁：枯干。暴（pù）：同“曝”，曝晒。

[8] 挺：挺直。

[9] 然：这样。

[10] 金：指用金属做成的刀剑等。砺（lì）：磨刀石。利：锋利。

[11] 参：检验，检查。一说同“叁”，多次。省（xǐng）：省察。乎：介词，于。

[12] 知：通“智”，智慧。明：明达。行无过：行动没有过错。

[13] 须臾（xūyú）：片刻，一会儿。

[14] 跂（qǐ）：提起脚后跟。

[15] 加：更。

[16] 疾：快，此处指声音宏大。

[17] 彰：清楚。

[18] 假：借助，凭借。舆：车。

[19] 利足：步履快捷。

[20] 致：到达。

[21] 楫（jí）：船桨。

[22] 能水：会游泳。

[23] 绝：横渡。

[24] 生非异：本性（同一般人）没有不同。生，通“性”，天资，禀赋。

[25] 善：善于。假于物：借助于外物。于，向。物，外物，指各种客观条件。

[26] 蒙鸠（méngjiū）：一种小鸟。

[27] 以羽为巢（cháo）：用羽毛建巢穴。

[28] 发：毛发。

[29] 苇苕（wěitiáo）：芦苇的嫩条。

[30]“巢非”二句：巢穴不是没有编好，而是不该把巢穴搭建在芦苇上面。

[31] 射干：一种草药。

[32] 临：俯临。仞（rèn）：古代计量单位。一仞约等于周尺八尺或七尺，周尺一尺约合二十三厘米。渊：深渊。

[33]“木茎”二句：不是草能长高，而是因为它生长的地方很高啊。

[34] 蓬：蓬草，也叫“飞蓬”。

[35] 涅（niè）：黑土。

[36] 兰槐：一种香草，气味芬芳。其根称作“芷（zhǐ）”。

[37] 渐：浸泡。滫（xiǔ）：臭泔水。

[38] 庶人：普通人。服：佩戴。

[39]“其质”二句：不是它的本质不美，是所浸泡的环境造成了这样的结果啊。

[40]“故君子”三句：君子居住的时候一定选择洁净的地方，交游时一定结交贤能的人，

以此来防止邪僻的事情，接近正直的道德。游，交游。就，靠近，此处有选择的意思。士，贤士。

[41] “积土”二句：堆积土石成了高山，风雨就从这里产生了。兴，起，兴盛。

[42] “积水”二句：汇积水流成为深渊，蛟龙就在这里出现了。蛟，传说中的一种龙。

[43] “积善”三句：积累善行，养成高尚的品德，自然达到最高的智慧，也就具有了圣人的境界。

[44] 跬（kuǐ）：半步。

[45] 至：到达。

[46] 骐骥（qíjì）：骏马，千里马。

[47] “驽（nú）马”二句：劣马拉车一连走十天，也能走得很远，（它的）成功在于不停止。驽马，跑不快的马。驾，马拉着车一天所走的路程叫“一驾”。舍，停止，停歇。

[48] “锲（qiè）而”二句：（如果）刻几下就停下来了，（那么）腐烂的木头也刻不断。锲，刻。

[49] 金：金属。石：石头。镂：雕刻。

[50] “蚓无”二句：蚯蚓没有锐利的爪子和牙齿，也没有强健的筋骨。

[51] 埃土：泥土。

[52] 黄泉：地下的泉水。

[53] 用心一也：这是由于它用心专一啊。

[54] 跪：蟹脚。六跪：六条腿，蟹实际上是八条腿。螯（áo）：螃蟹的大钳子。

[55] 鳝（shàn）：鳝鱼。

[56] 躁：浮躁，不专心。

简析

《荀子》共三十二篇，《劝学》是荀子的首篇。围绕“学不可以已”这个中心，本文分别论述了学习的重要性、学习的态度、学习的方法、学习要善始善终等几个问题。行文流畅，句式整齐。

礼记

《礼记》成书于汉代，相传为西汉礼学家戴圣所编。主要写先秦礼制，是一部儒家思想资料汇编。

礼运（节选）

大道之行也，天下为公[1]，选贤与能[2]，讲信修睦[3]。故人不独亲其亲[4]，不独子其子[5]，使老有所终[6]，壮有所用[7]，幼有所长[8]，矜、寡、孤、独、废疾者皆有所养[9]，男有分，女有归[10]。货恶其弃于地也，不必藏于己[11]；力恶其不出于身也，不必为己[12]。是故谋闭而不兴[13]，盗窃乱贼而不作[14]，故外户而不闭[15]，是谓大同[16]。

（《十三经注疏》上册《礼记正义》，中华书局 1980 年）

注释

[1]“大道”二句：大道得以施行的时候，天下成为公共的。大道，古代指政治上的最高理想。行，施行。

[2] 贤：贤德的人。与：通“举”，推举，选举。能：有才能的人。

[3] 讲信修睦（mù）：讲求诚信，培养和睦的关系。信，诚信，信用。修，培养。

[4] 独：单单。亲其亲：奉养自己的父母。第一个“亲”，此处用作动词，奉养。第二个“亲”，名词，父母双亲。

[5]子其子：抚育自己的孩子。第一个“子”，此处用作动词，抚养。第二个“子”，孩子，子女。

[6] 使老有所终：使老年人晚年能得到照顾。老，老年人。

[7] 壮有所用：壮年人能发挥自己的才能。壮，壮年人。

[8] 幼有所长（zhǎng）：使儿童能顺利成长。幼，幼儿，幼童。长，成长。

[9] 矜（guān）：通“鳏”，老而无妻的人。寡：老而无夫的人。孤：幼而无父的人。独：老而无子的人。废疾：残疾人。皆有所养：都能得到供养。

[10]“男有”二句：男子有职业，女子有归宿。分（fèn），职分，指职业。归，指女子出嫁。

[11]“货恶”二句：对于财物，人们看不惯它被扔在地上，但不一定藏在自己家里。货，财物。弃，丢弃，扔。

[12]“力恶”二句：对于力气，人们看不惯没有把自己力气使出来为公众做事，但不一定为自己谋私利。

[13] 是故：因此。谋：奸诈的计谋。闭：杜绝。兴：发生，出现。

[14]“盗窃”句：盗窃、造反和害人的事情不发生。乱，指造反。贼，指害人。作，兴起。

[15] 外户：泛指大门。闭：用门闩插门。

[16] 是谓大同：这叫作理想社会。大同，指理想社会。

简析

这段文字是中国古代儒者对于理想社会的美好想象。这种“大同”思想在中国历史上产生过重要而深远的影响，激励着一代又一代中国人为实现这个理想而奋斗。

中庸（节选）

诚者，天之道也；诚之者[1]，人之道也。诚者不勉而中[2]，不思而得，从容中道[3]，圣人也。诚之者，择善而固执之者也[4]。博学之，审问之[5]，慎思之[6]，明辨之[7]，笃行之[8]。有弗学，学之弗能弗措也[9]；有弗问，问之弗知弗措也；有弗思，思之弗得弗措也；有弗辨，辨之弗明弗措也；有弗行，行之弗笃弗措也。人一能之己百之，人十能之己千之[10]。果能此道矣[11]，虽愚必明[12]，虽柔必强。

（《十三经注疏》上册《礼记正义》，中华书局 1980 年）

注释

[1] 诚之：使自己诚实。

[2] 勉：勉强。

[3] 中道：中庸之道。

[4] 固：坚定地。执：施行。

[5] 审：详细地，仔细地。

[6] 慎：谨慎地。

[7] 明：明确地。辨：分辨。

[8] 笃：专心。

[9] 措：弃置，搁置。此处指终止。

[10]“人一”二句：别人一次能做到的，我用百倍的功夫，别人十次能做到的，我用千倍的功夫。

[11] 果：真的，确实。

[12] 虽：即使。

简析

这段话强调“诚”的重要性，认为它具有绝对的合理性和至上性，天下万物以此为本。

大学（节选）

大学之道[1]，在明明德[2]，在亲民[3]，在止于至善[4]。

古之欲明明德于天下者[5]，先治其国；欲治其国者，先齐其家[6]；欲齐其家者，先修其身[7]；欲修其身者，先正其心[8]；欲正其心者，先诚其意[9]；欲诚其意者，先致其知[10]。致知在格物[11]。物格而后知至，知至而后意诚，意诚而后心正，心正而后身修，身修而后家齐，家齐而后国治，国治而后天下平。自天子以至于庶人[12]，壹是皆以修身为本[13]。

（《十三经注疏》上册《礼记正义》，中华书局 1980 年）

注释

[1] 道：宗旨。

[2] 明明德：发扬光明正大的德行。前一个“明”做动词，即“使……彰明”，意思是发扬、弘扬。后一个“明”是形容词，明德也就是光明正大的品德。

[3] 亲民：使民众弃旧图新、去恶从善。亲，应为“新”，即革新、弃旧图新。

[4] “在止于”句：在于使民众达到最完善的境界。至善，最完善。

[5] 天下：天下的百姓。

[6] 齐：管理。

[7] 修其身：修养自己的品性。

[8] 正其心：端正自己的思想。

[9] 诚其意：使自己的心意真诚。

[10] 致其知：使自己获得知识。

[11] 格物：认识、研究万事万物。

[12] 庶人：百姓，普通人。

[13] 壹是：都是。本：根本。

简析

这段话提出了走向人生大道之学问的“三纲领”：人人应该努力做一个心性光明、行为努力、目标远大的君子。

刘向

刘向（约前77—前6），沛郡丰邑（今江苏徐州）人，整理编订《战国策》。《战国策》，国别体史书，主要记述战国时期纵横家的政治主张和策略，展示出战国时代的历史特点和社会风貌。

唐且不辱使命[1]

秦王使人谓安陵君曰[2]："寡人欲以五百里之地易安陵[3]，安陵君其许寡人[4]？"安陵君曰："大王加惠，以大易小，甚善。虽然，受地于先王，愿终守之，弗敢易。"秦王不说[5]。安陵君因使唐且使于秦。

秦王谓唐且曰："寡人以五百里之地易安陵，安陵君不听寡人，何也？且秦灭韩亡魏，而君以五十里之地存者[6]，以君为长者，故不错意也[7]。今吾以十倍之地请广于君，而君逆寡人者[8]，轻寡人与？"唐且对曰："否，非若是也。安陵君受地于先王而守之，虽千里不敢易也，岂直五百里哉[9]？"

秦王怫然怒[10]，谓唐且曰："公亦尝闻天子之怒乎？"唐且对曰："臣未尝闻也。"秦王曰："天子之怒，伏尸百万，流血千里。"唐且曰："大王尝闻布衣之怒乎[11]？"秦王曰："布衣之怒，亦免冠徒跣[12]，以头抢地尔[13]。"唐且曰：

“此庸夫之怒也，非士之怒也[14]。夫专诸之刺王僚也[15]，彗星袭月[16]；聂政之刺韩傀也[17]，白虹贯日[18]；要离之刺庆忌也[19]，仓鹰击于殿上[20]。此三子者，皆布衣之士也，怀怒未发，休祲降于天[21]，与臣而将四矣。若士必怒，伏尸二人，流血五步，天下缟素[22]，今日是也。”挺剑而起。

秦王色挠[23]，长跪而谢之[24]，曰：“先生坐，何至于此，寡人谕矣[25]。夫韩、魏灭亡，而安陵以五十里之地存者，徒以有先生也[26]。”

（《战国策注释》，中华书局 1990 年）

注释

[1] 唐且（jū）：安陵君派去秦国的使臣。一本作“唐雎”。

[2] 秦王：嬴政，当时尚未称帝。使：派遣。

[3] 易：交换。

[4] 许：许可，答应。

[5] 说：通“悦”。

[6] 君：指安陵君。

[7] 错意：在意。错，通“措”。

[8] 逆：违背。

[9] 直：仅仅。

[10] 怫（fú）然：大怒的样子。

[11] 布衣：平民。

[12] 亦：仅仅，只是。徒：步行。跣（xiǎn）：光脚。

[13] 抢（qiāng）：碰，撞。

[14] 士：贤能的智者。

[15] 专诸之刺王僚：公子光（即后来的吴王阖闾）派吴国勇士专诸刺杀吴王僚之事。

[16] 彗星：绕太阳运行的一种星体，尾长似扫帚，古人认为彗星的出现是重大灾难的预兆。袭月：指彗星的光掩盖了月亮。古时迷信，认为彗星袭月是专诸刺杀吴王僚感应上天所致。

[17] 聂政之刺韩傀：指韩国大夫严仲子请战国勇士聂政刺杀韩国相韩傀。

[18] 白虹贯日：指聂政刺杀韩傀时一道白气直冲太阳，古人认为此白气是大变的征兆。白虹，日月周围的白色晕圈。

[19] 要离之刺庆忌：吴王阖闾即位后，派吴国勇士要离刺杀吴王僚之子庆忌。

[20] “仓鹰”句：指要离刺杀庆忌，感应上天，有苍鹰飞扑殿上。仓，同“苍”。

[21] 休祲（jìn）：吉凶祸福。休，吉祥。祲，灾祸。

[22] 缟（gǎo）素：指丧服。缟，未经染色的生绢。素，白绢。

[23] 色挠：面露胆怯之色。挠，屈服。

[24] 长跪：挺直身躯而跪。谢：认错，道歉。

[25] 谕（yù）：明白，理解。

[26] 徒：只是。以：因为。

简析

选自《战国策·魏策》。本篇讲述了唐且受安陵君委派出使秦国的经过。面对凶恶的秦王，他毫不畏惧，针锋相对，据理力争，最终以自己的智慧和勇气折服秦王，胜利完成任务。通过精彩的对白生动展现人物的性格特点，是本文一大特色。

荆轲刺秦王（节选）

于是，太子预求天下之利匕首，得赵人徐夫人之匕首，取之百金，使工以药淬之[1]，以试人，血濡缕[2]，人无不立死者。乃为装，遣荆轲。燕国有勇士秦武阳，年十二杀人，人不敢与忤视[3]。乃令秦武阳为副[4]。

荆轲有所待，欲与俱[5]，其人居远，未来，而为留待。顷之，未发。太子迟之[6]，疑其有改悔，乃复请之曰："日以尽矣，荆卿岂无意哉？丹请先遣秦武阳。"荆轲怒，叱太子曰[7]："今日往而不反者，竖子也[8]！今提一匕首，入不测之强秦，仆所以留者，待吾客与俱。今太子迟之，请辞决矣！"遂发。

太子及宾客知其事者，皆白衣冠以送之。至易水上，既祖[9]，取道[10]。高渐离击筑[11]，荆轲和而歌，为变徵之声[12]，士皆垂泪涕泣[13]。又前而为歌曰："风萧萧兮易水寒，壮士一去兮不复还！"复为慷慨羽声[14]，士皆瞋目[15]，发尽上指冠。于是荆轲遂就车而去，终已不顾。

（《战国策注释》，中华书局 1990 年）

注释

[1] 药：此处指毒药。淬（cuì）：锻造时，把烧红的锻件浸入水中，急速冷却，以增强硬度。

[2] 濡：浸渍，沾湿。缕：线，此处指衣服。

[3] 忤（wǔ）视：正面看，面对面看。忤，逆。

[4] 副：助手。

[5] 俱：一起。

[6] 迟：认为……迟缓。

[7] 叱：责骂，呵斥。

[8] 竖子：小子，对人的蔑称。

[9] 祖：出行时祭祀路神。

[10] 取道：上路。

[11] 高渐离：荆轲的朋友，通音律，善击筑。筑：古弦乐器名。

[12] 变徵（zhǐ）：声调悲凉的音乐。徵，古五音之一。

[13] 涕泣：哭泣。

[14] 羽：古五音之一，声调悲壮激昂。

[15] 瞋（chēn）目：形容发怒时瞪大眼睛。

简析

选自《战国策·燕策》。本文讲述了荆轲刺杀秦王的过程，扣人心弦，惊心动魄。作者通过正面描写与侧面描写结合，语言描写与行动描写结合，生动塑造了勇士荆轲的形象，读之如见其人、如闻其声。节选部分主要叙说易水送别，慷慨悲歌，余音绕梁。

屈原

屈原（约前340—约前278），名平，字原。战国时期楚国人，曾任三闾大夫，左徒，“楚辞”的创立者和代表作家。《汉书·艺文志》录屈原赋二十五篇。

橘颂

后皇嘉树，橘徕服兮[1]。受命不迁，生南国兮[2]。深固难徙，更壹志兮[3]。绿叶素荣，纷其可喜兮[4]。曾枝剡棘，圆果抟兮[5]。青黄杂糅，文章烂兮[6]。精色内白，类可任兮[7]。纷缊宜修，姱而不丑兮[8]。

嗟尔幼志，有以异兮[9]。独立不迁，岂不可喜兮[10]？深固难徙，廓其无求兮[11]。苏世独立，横而不流兮[12]。闭心自慎，终不失过兮[13]。秉德无私，参天地兮[14]。愿岁并谢，与长友兮[15]。淑离不淫，梗其有理兮[16]。年岁虽少，可师长兮[17]。行比伯夷，置以为像兮[18]。

（《楚辞章句》，上海古籍出版社2017年）

注释

[1]“后皇”二句：天地间生长着一种优质的树——橘树，它来到这里并适应了这里的水土气候。后皇，天地。徕（lái），同“来”。服，习惯，适应。

[2]“受命”二句：天生的习性不能迁移，只生长在江南。受命，禀受天地之气，即禀性。

[3] 壹志：志向专一。

[4] “绿叶”二句：碧绿的叶子，洁白的花朵，长势茂盛令人心喜。素荣，白色的花。纷，茂盛的样子。

[5]“曾枝”二句：层层叠叠的枝条上长着锐利的刺，圆圆的果实个个饱满。曾，通“层”，层层叠叠。剡（yǎn），锐利。棘（jí），刺。抟（tuán），圆形的。

[6] “青黄”二句：橘子青黄两种颜色混杂，色彩鲜艳。杂糅，混杂在一起。文章，花纹。烂，色彩鲜艳。

[7] “精色”二句：鲜艳的外表，纯洁的内里，好似可担重任的君子。精色，橘子皮鲜艳的颜色。内白，里面的果肉洁白。类，似。

[8] “纷缊（fēnyūn）”二句：橘树枝繁叶茂，风姿美丽，美得与众不同。纷缊，繁多的样子。宜修，美好。姱（kuā），美好。不丑，与众不同。

[9] “嗟（jiē）尔”二句：啊！你从小志向就与众不同。嗟，感叹词。尔，你。幼志，幼年时的志向。异，与众不同。

[10] “独立”二句：你特立独行，从不改变，怎不令人欣喜！

[11] “深固”二句：根深坚固难以迁移，孤寂超脱不追求名利。廓，空旷，孤寂。

[12] “苏世”二句：清醒地独立于世，绝不随波逐流。苏，醒。

[13] “闭心”二句：杜绝杂念私欲，谨慎自守，永不会犯错误。闭心，摈弃杂念。

[14] “秉德”二句：坚守德操，从无私念，德行可与天地相匹配。秉，持。参，比，配。

[15] “愿岁”二句：我愿与日月共生死，长久地相伴。并谢，一起凋谢，此处是生死与共的意思。长友，长久做朋友。

[16]“淑离”二句：纯善美好而不过分，枝干坚挺有纹理。淑，善。离，美好。淫，过分。梗，坚硬挺直。理，纹理。

[17] “年岁”二句：虽然年纪轻轻，却可做人们的老师。师长，做动词用，作为师长。

[18] “行比”二句：德行可与伯夷相比，可树立为榜样，供人学习。行，品行。伯夷，古代一位清高守节者。置，树立。像，榜样。

简析

这是《九章》中的一篇，堪称中国文学史上第一首托物言志的抒情诗，表面上是赞颂橘树动人的外在美和崇高的精神品质，实际是诗人借此表白自己的崇高理想和高贵人格。

东君[1]

暾将出兮东方[2]，照吾槛兮扶桑[3]。抚余马兮安驱，夜皎皎兮既明[4]。驾龙辀兮乘雷[5]，载云旗兮委蛇[6]。长太息兮将上[7]，心低徊兮顾怀[8]。羌色声兮娱人[9]，观者憺兮忘归[10]。絚瑟兮交鼓[11]，箫钟兮瑶簴[12]，鸣篪兮吹竽[13]，思灵保兮贤姱[14]。翾飞兮翠曾[15]，展诗兮会舞[16]。应律兮合节[17]，灵之来兮蔽日[18]。青云衣兮白霓裳，举长矢兮射天狼[19]。操余弧兮反沦降[20]，援北斗兮酌桂浆[21]。撰余辔兮高驼翔[22]，杳冥兮以东行[23]。

（《楚辞章句》，上海古籍出版社 2017 年）

注释

[1] 东君：太阳。这是一首楚人祭祀太阳的祭辞。

[2] 暾（tūn）：初升的太阳。

[3] 槛（jiàn）：栏杆。扶桑：神话中的树名，传说日出于扶桑之下。

[4] 皎皎：洁白明亮。

[5] 辀（zhōu）：车辕，此处指代车。

[6] 委蛇（yí）：同“逶迤”，绵延弯曲。

[7] 太息：深深地叹息。上：升起。

[8] 低徊：徘徊不前。顾怀：眷恋。

[9] 羌：句首助词。

[10] 憺（dàn）：安稳，此处指沉醉其中。

[11] 緪（gēng）：急促，绷紧。交鼓：鼓声相应。

[12] 瑶："摇"的假借字，摆动。簴（jù）：悬挂钟磬的木架。

[13] 篪（chí）：古代竹制管乐器。

[14] 灵保：祭祀时的神巫。

[15] 翾（xuān）：飞。

[16] 会：合。

[17] 律：音律。节：节奏。

[18] 灵：指众神。蔽：遮挡，蒙蔽。

[19] 矢：箭。天狼：星名，传说是主侵略之兆的恶星。此处指希望神能为民除害。

[20] 弧：木弓。沦降：日西沉。

[21] 援：举起。北斗：北斗七星排列成斗勺形，此处喻指酒器。酌：舀，斟满。桂浆：桂花酒浆。

[22] 撰：持，握。辔（pèi）：驾驭马的缰绳。驼（chí），通"弛"。

[23] 杳：幽暗。冥：昏暗。

简析

这是《九歌》中的一篇，是对太阳神的歌颂，也是光明和正义的颂歌。

国殇

操吴戈兮被犀甲[1]，车错毂兮短兵接[2]。旌蔽日兮敌若云[3]，矢交坠兮士争先[4]。凌余阵兮躐余行[5]，左骖殪兮右刃伤[6]。霾两轮兮絷四马[7]，援玉枹兮击鸣鼓[8]。天时坠兮威灵怒[9]，严杀尽兮弃原野[10]。出不入兮往不反，平原忽兮路超远[11]。带长剑兮挟秦弓[12]，首虽离兮心不惩[13]。诚既勇兮又以武[14]，终刚强兮不可凌[15]。身既死兮神以灵[16]，魂魄毅兮为鬼雄[17]。

（《楚辞章句》，上海古籍出版社 2017 年）

注释

[1] 操：手持。吴戈：吴地所产的戈，以锋利著称。被（pī）：通“披”。犀甲：犀牛皮制成的铠甲。

[2] 错毂（gǔ）：双方交战激烈时，战车的车轴相互交错。毂，古代车轮的中心部分，内有圆孔，可安插车轴。短兵：刀剑一类的短兵器。

[3] 旌：用五色羽毛装饰的旗子，此指军旗。蔽日：军旗遮蔽了太阳，形容旗多。若云：形容敌人数量众多。

[4] 交坠：两军对射时飞箭交相坠落。坠：坠落。

[5] 凌：侵犯。躐（liè）：践踏。行（háng）：行列。

[6] 骖（cān）：位于两边驾车的马。殪（yì）：倒下。

[7] 霾：通“埋”。絷（zhí）：绊住，拴住。

[8] 援：手持。枹（fú）：鼓槌。

[9] 威灵：此处指将士的亡魂。

[10] 严：壮烈地，惨烈地。

[11] 忽：渺茫。超：遥远。

[12] 挟（xié）：夹在腋下。秦弓：秦地所产良弓。

[13] 惩：悔恨。

[14] 诚：确实，实在是。

[15] 终：始终。

[16] 神以灵：此处指烈士精神永存。

[17] 鬼雄：鬼中豪杰。

简析

本诗也是《九歌》中的一篇，描写了战争中战况的激烈和战士们视死如归、奋勇杀敌的英雄气概，抒发了作者热爱祖国的高尚感情。

渔父[1]

屈原既放[2]，游于江潭，行吟泽畔[3]，颜色憔悴[4]，形容枯槁[5]。渔父见而问之曰："子非三闾大夫与[6]？何故至于斯[7]？"屈原曰："举世皆浊而我独清，众人皆醉而我独醒，是以见放[8]。"渔父曰："夫圣人者不凝滞于物[9]，而能与世推移[10]。举世皆浊，何不淈其泥而扬其波[11]？众人皆醉，何不餔其糟而歠其釃[12]？何故怀瑾握瑜[13]，而自令见放为[14]？"屈原曰："吾闻之：新沐者必弹冠[15]，新浴者必振衣[16]。安能以身之察察[17]，受物之汶汶者乎[18]？宁赴湘流，葬于江鱼之腹中。又安能以皓皓之白[19]，而蒙世俗之尘埃乎？"渔父莞尔而笑[20]，鼓枻而去[21]。

歌曰："沧浪之水清兮[22]，可以濯吾缨[23]；沧浪之水浊兮，可以濯吾足。"遂去[24]，不复与言[25]。

（《楚辞章句》，上海古籍出版社 2017 年）

注释

[1] 渔父（fǔ）：打鱼人。

[2] 既：已经。放：此处是被放逐的意思。

[3] "行吟"句：在水边一边走一边吟唱。吟，吟唱。

[4] 颜色：神色，脸色。

[5] 形：身形。容：容貌。枯槁（gǎo）：干枯。

[6] 子：对屈原的尊称，相当于“您”。三闾（lǘ）大夫：楚国官名。主管楚国屈、景、昭三姓王族事务。屈原曾任此职。与：通“欤”(yú)，表示轻微的疑问语气，相当于“吗”。

[7] 何故：什么原因。至于斯：到了这个地步?

[8] 是以：因此。见放：被放逐。

[9] 凝滞：冻结不流动，此处是固执、死板的意思。

[10] 推移：变化。

[11] 淈（gǔ）：搅浑。

[12] 餔（bū）：吃。糟：酒糟。歠（chuò）：同“啜”，喝。醨（lí）：薄酒。

[13] 怀瑾握瑜：比喻怀有高贵的美德与才能。瑾、瑜，皆为美玉。

[14] 自令见放：自己招致放逐。为（wéi）：句末语气词。

[15] 沐：洗头。

[16] 浴：洗澡。

[17] 察察：皎洁的样子。

[18] 汶（mén）汶：污浊。

[19] 皓皓：洁白的或高洁的样子。

[20] 莞（wǎn）尔：微笑的样子。

[21] 鼓：击打。枻（yì）：船桨。去：离开。

[22] 沧浪：水名，汉水的支流，在湖北境内。

[23] 濯（zhuó）：洗。缨（yīng）：系帽的带子。

[24] 遂（suì）：于是。

[25] 不复与言：不再跟屈原讲话。复，再。

简析

本文以问答的方式，展示了两种截然不同的人生态度和思想性格，表明了屈原不与世俗同流的高尚品德。

李斯

李斯（？—前208），战国末楚国上蔡（今河南上蔡）人。秦丞相。严可均《全上古三代秦汉三国六朝文》录其奏议文、刻石文。

谏逐客书[1]（节选）

臣闻吏议逐客，窃以为过矣[2]！

昔缪公求士[3]，西取由余于戎[4]，东得百里奚于宛[5]，迎蹇叔于宋[6]，来丕豹、公孙支于晋[7]。此五子者，不产于秦，而缪公用之，并国二十，遂霸西戎。孝公用商鞅之法[8]，移风易俗，民以殷盛，国以富强，百姓乐用，诸侯亲服，获楚、魏之师，举地千里[9]，至今治强。惠王用张仪之计[10]，拔三川之地[11]，西并巴、蜀[12]，北收上郡[13]，南取汉中[14]，包九夷[15]，制鄢、郢[16]，东据成皋之险[17]，割膏腴之壤[18]，遂散六国之从[19]，使之西面事秦，功施到今[20]。昭王得范雎[21]，废穰侯[22]，逐华阳[23]，强公室[24]，杜私门[25]，蚕食诸侯[26]，使秦成帝业。此四君者，皆以客之功。由此观之，客何负于秦哉[27]！向使四君却客而不内[28]，疏士而不用[29]，是使国无富利之实而秦无强大之名也。

（《史记》，中华书局1959年）

注释

[1] 逐客：因韩人郑国到秦做间谍一事，秦王听从宗室大臣的建议，驱逐各国来秦国的客卿，李斯也在被逐之列。

[2] 窃：私下，表自谦。

[3] 缪公：即秦穆公，秦国第九位君主，春秋五霸之一。“缪”，古同“穆”。

[4] 由余：春秋时晋国人，因晋内乱，流亡至戎，后被秦穆公用计拜为上卿，帮助秦国称霸西戎。

[5] 百里奚：本为春秋时虞国大夫，虞国被灭后，被俘入晋，作为晋献公女儿陪嫁的奴隶送到秦国。自秦国逃往楚国时被楚人俘获。秦穆公以五张羊皮赎之并任用为相。宛（Yuān）：楚地名，今河南南阳。

[6] 蹇（Jiǎn）叔：秦穆公时上大夫。

[7] 丕豹：春秋时晋国大夫丕郑的儿子，丕郑被晋惠公所杀后逃至秦国，被穆公任用为将。公孙支：春秋时秦国大夫，曾向秦穆公举荐百里奚。

[8] 商鞅：战国时卫国人，一称卫鞅。入秦后，说服秦孝公变法，使秦国富强。获封商地，故称商鞅。

[9] 举：攻克，占领。

[10] 张仪：战国时魏国人，受秦惠王赏识，创连横之策。

[11] 拔：攻取。三川：指黄河、洛水、伊水，今河南洛阳一带。

[12] 并：吞并。巴、蜀：古国名，在今四川省。

[13] 收：占据。上郡：魏地，在今陕西榆林地区。

[14] 汉中：楚地，在今陕西汉中地区。

[15] 包：囊括。九夷：楚国少数民族。

[16]制：控制。鄢：楚国的别都，在今湖北宜城。郢（Yǐng）：楚国都城，在今湖北江陵。

[17] 成皋（gāo）：今河南荥阳境内，著名军事要塞。

[18] 膏腴：指土地肥沃。

[19] 六国：指韩、赵、魏、燕、齐、楚。从：同“纵”，合纵。东方六国联合对抗秦国。

[20] 施（yì）：延续。

[21] 范睢：战国时魏国人，秦昭王时提出远交近攻的策略。范睢，一作“范雎”。

[22] 穰（Ráng）侯：宣太后异父弟魏冉，封于穰地。

[23] 华阳：宣太后同母弟芈（Mǐ）戎，封于华阳。

[24] 公室：王室，君主之家。

[25] 杜：杜绝。私门：权贵之家。

[26] 蚕食：逐步侵占。

[27] 负：辜负，背弃。

[28] 向使：假使。却：拒绝，推辞。内（nà）：同“纳”，接纳，容纳。

[29] 疏：疏远。

简析

本文节选自《史记·李斯列传》。针对秦王的逐客令，李斯先谈历史，列举事实，说明客卿为秦国做出的巨大贡献；再谈现实，指出如今秦王所好之物，皆来自别国。两相对比，劝说秦王不应重物而轻人。文章立意高深，雄辩滔滔，秦王读后立刻收回了逐客成命。

贾谊

贾谊（前200—前168），洛阳（今属河南）人。汉文帝时官太中大夫。著《新书》。

过秦论（节选）

始皇既没，余威振于殊俗[1]。然而陈涉[2]，瓮牖绳枢之子[3]，氓隶之人[4]，而迁徙之徒也。材能不及中人[5]，非有仲尼、墨翟之贤[6]，陶朱、猗顿之富[7]；蹑足行伍之间[8]，俛起阡陌之中[9]，率疲弊之卒[10]，将数百之众[11]，转而攻秦，斩木为兵[12]，揭竿为旗[13]，天下云合响应[14]，赢粮而景从[15]，山东豪杰并起而亡秦族矣[16]。

且夫天下非小弱也，雍州之地，崤函之固，自若也[17]。陈涉之位，非尊于齐、楚、燕、赵、韩、魏、宋、卫、中山之君也[18]；锄耰棘矜[19]，不敌于钩戟长铩也[20]；谪戍之众[21]，非抗九国之师也[22]；深谋远虑，行军用兵之道，非及曩时之士也[23]。然而成败异变，功业相反也。试使山东之国，与陈涉度长絜大[24]，比权量力，则不可同年而语矣。然秦以区区之地[25]，致万乘之势，序八州而朝同列[26]，百有余年矣。然后以六合之家[27]，崤函为宫。一夫作难而七庙堕[28]，身死人手[29]，为天下笑者，何也？仁义

不施，而攻守之势异也。

（《新书》，中华书局 1985 年）

注释

[1] 振：一作“震”。殊俗：指风俗迥异的边远地区。

[2] 陈涉：秦末农民起义领袖，又名陈胜。

[3] 瓮牖（yǒu）：用破瓮口作窗户。牖，窗户。绳枢：用绳子系门扇的门轴。枢，门的转轴。

[4] 氓隶：对平民的贬称。

[5] 中人：常人。

[6] 仲尼：孔子的字。墨翟（Dí）：墨子。

[7] 陶朱：即范蠡，助越王勾践复国后，退隐经商，成为巨富，定居宋国陶丘，号“陶朱公”。猗（Yī）顿：春秋时著名大手工业者和商人，原为鲁国贫寒书生，曾问术于范蠡，靠辛勤经营盐业成为倾国巨富。

[8] 蹑：踩，踏。行（háng）伍：指军队，古代兵制，五人为伍，五伍为行。

[9] 俛（fǔ）：同“俯”。阡陌：田间小路。

[10] 率：率领，带领。疲弊：困苦穷乏。

[11] 将：指挥，统帅。

[12] 斩：砍断。兵：兵器。

[13] 揭：高举。

[14] 云合：像云一样汇聚在一起。响应：像回声一样应和。

[15] 羸：担负。景（yǐng）：后写作“影”。

[16] 山东：指崤山、函谷关以东。

[17] 自若：一如既往，依旧如故。

[18] 尊：高贵。

[19] 耰（yōu）：一种击碎土块、平整土地的农具。棘矜：戟柄。

[20] 铩（shā）：长矛类兵器。

[21] 谪戍：被发配戍守边疆。

[22] 抗：匹敌。

[23] 曩（nǎng）时：从前。

[24] 度（duó）长絜（xié）大：衡量长短大小。絜，度量物体的粗细。

[25] 区区：小。

[26] 八州：秦所据雍州以外的冀州、豫州、荆州、扬州、兖州、徐州、青州、梁州。朝同列：原与秦地位相等的东方诸侯，后向秦称藩臣。

[27] 六合：天下。家：私产，家业。

[28] 一夫：指陈涉。七庙：帝王供奉祖先的宗庙。堕（huī）：通“隳”，毁废。

[29] 身死人手：指秦二世被赵高所杀，子婴被项羽所杀。

简析

本文总结了秦王朝迅速灭亡的历史教训，铺陈排比，气势磅礴，是一篇见解深刻而又极富艺术感染力的文章。

司马迁

司马迁（约前145或前135—？），字子长，生于龙门（今陕西韩城）。汉武帝时任太史令，因替李陵败降之事辩解而受宫刑，后任中书令。撰写中国第一部纪传体通史《史记》，《史记》是“二十五史”之首，被鲁迅誉为“史家之绝唱，无韵之离骚”。

报任安书（节选）

古者富贵而名摩灭，不可胜记，惟倜傥非常之人称焉[1]。盖文王拘而演《周易》[2]；仲尼厄而作《春秋》[3]；屈原放逐，乃赋《离骚》；左丘失明，厥有《国语》[4]；孙子膑脚[5]，《兵法》修列；不韦迁蜀[6]，世传《吕览》；韩非囚秦[7]，《说难》《孤愤》；《诗》三百篇，大氐贤圣发愤之所为也[8]。此人皆意有所郁结，不得通其道，故述往事，思来者。乃如左丘明无目，孙子断足，终不可用，退而论书策，以舒其愤，思垂空文以自见[9]。仆窃不逊[10]，近自托于无能之辞[11]，网罗天下放失旧闻[12]，略考其行事，综其终始，稽其成败兴坏之纪[13]，上计轩辕，下至于兹，为十表，本纪十二，书八章，世家三十，列传七十，凡百三十篇。亦欲以究天人之际[14]，通古今之变，成一家之言。草创未就[15]，会遭此祸[16]，惜其不成，是以就极刑而无愠色[17]。仆诚已著此书，藏之名山，传之其人，通邑大都，则仆偿前辱之责[18]，虽万被戮[19]，岂有悔哉？然此可为智者道，难为俗人言也。

（《古文辞类纂》，上海古籍出版社 2016 年）

注释

[1] 倜傥（tìtǎng）：超然，特出。

[2]“盖文王”句：传说周文王被殷纣王拘禁在牖（yǒu）里（一作“羑里”）时，把八卦推演为六十四卦写成《周易》。

[3]“仲尼”句：孔子周游列国宣传儒家学说，曾在陈、蔡遭受围攻和绝粮之苦，返回鲁国后编订《春秋》一书。

[4] 厥：句首语气词。

[5] 膑（bìn）脚：剔除膝盖骨的酷刑。

[6] 不韦：即吕不韦，战国末年商人，秦初为相国。曾命门客著《吕氏春秋》(又名《吕览》)。始皇十年，令吕不韦举家迁蜀，吕不韦自杀。

[7] 韩非：战国时期法家代表人物。出身韩国宗室，出使秦国，为李斯所谗，下狱死。著有《韩非子》,《说难》《孤愤》是其中两篇。

[8] 大氐：即大抵。

[9] 垂：流传后世。空文：与具体的功业相对而言。

[10] 仆：我。窃：谦辞，私下。逊：谦虚。

[11] 无能之辞：拙劣的文字。

[12] 放失：散失。

[13] 稽：考察。纪：规律，道理。

[14] 天人之际：天意人事的关系。

[15] 就：完成。

[16] 会：正赶上。

[17] 就：走向，此处是接受的意思。极刑：此处指司马迁因李陵事件而遭受的宫刑。

[18] 责：“债”的古字。

[19] 被：动词，遭受。

简析

《报任安书》是汉代史学家、文学家司马迁写给朋友任安的回信。作者在信中讲述了自己的不幸遭遇，抒发了为写作《史记》而不得不忍辱偷生的痛苦心情。所选文字说明了自己受辱后选择隐忍苟活的原因，介绍了《史记》的体例和宗旨，并进一步说明自己“就极刑而无愠色”就是为了完成《史记》。文章援古证今，明情达理，纵横跌宕，慷慨淋漓，表现出司马迁崇高的人生信念和献身精神。

项羽本纪（节选）

项王军壁垓下[1]，兵少食尽，汉军及诸侯兵围之数重。夜闻汉军四面皆楚歌，项王乃大惊曰："汉皆已得楚乎？是何楚人之多也！"项王则夜起，饮帐中。有美人名虞，常幸从；骏马名骓[2]，常骑之。于是项王乃悲歌慷慨，自为诗曰："力拔山兮气盖世，时不利兮骓不逝。骓不逝兮可奈何，虞兮虞兮奈若何！"歌数阕[3]，美人和之。项王泣数行下[4]，左右皆泣[5]，莫能仰视。

（《史记》，中华书局 1959 年）

注释

[1] 壁：营垒，此处是驻军的意思。垓下（Gāixià）：古地名，位于安徽灵璧境内，是楚汉相争最后决战遗址，被誉为世界七大古战场之一。

[2] 骓（zhuī）：毛色青白相杂的马。

[3] 数阕（què）：几遍。阕，量词，乐曲每一次终止为一阕。

[4] 泣数行（háng）下：几行眼泪流下。泣，眼泪。

[5] 左右：指身边的人，手下。

简析

本段文字写了“四面楚歌”和“项王悲歌”，渲染了英雄末路的慷慨悲凉，动人心魄，感人至深。

屈原列传（节选）

屈平正道直行，竭忠尽智以事其君，谗人间之[1]，可谓穷矣[2]。信而见疑[3]，忠而被谤，能无怨乎[4]？屈平之作《离骚》，盖自怨生也。《国风》好色而不淫[5]，《小雅》怨诽而不乱[6]。若《离骚》者，可谓兼之矣。上称帝喾[7]，下道齐桓，中述汤、武，以刺世事[8]。明道德之广崇[9]，治乱之条贯[10]，靡不毕见[11]。其文约[12]，其辞微[13]，其志洁，其行廉[14]。其称文小而其指极大[15]，举类迩而见义远[16]。其志洁，故其称物芳。其行廉，故死而不容自疏[17]。濯淖污泥之中[18]，蝉蜕于浊秽[19]，以浮游尘埃之外，不获世之滋垢，皭然泥而不滓者也[20]。推此志也，虽与日月争光可也[21]。

（《史记》，中华书局 1959 年）

注释

[1] 间：离间。

[2] 穷：处于困境。

[3] 见：被。

[4] 怨：怨愤。

[5] 淫：过分。

[6] 诽：批评，指责。乱：没有秩序和条理。

[7] 帝喾（Kù）：传说中上古帝王，号高辛氏。

[8] 刺：指责。

[9] 明：阐明。

[10] 条贯：条理，规律。

[11] 靡不毕见：没有不全部显现出来的。

[12] 约：简约。

[13] 微：精妙，深奥。

[14] 廉：正直。

[15] 指：同“旨”，旨趣，意图。

[16] 举类：列举事类。迩：近。

[17] 容：容于世。疏：远离。

[18] 濯淖（zhuónào）污泥：污泥浊水，比喻污浊的社会环境。

[19] 蝉蜕：此处是摆脱的意思。

[20] 皭（jiào）然：清白洁净。滓（zǐ）：沾污。

[21] 虽：即使。

简析

司马迁用幽抑哀婉、饱含感情的笔墨，讲述屈原生平，评价屈原人格，赞扬《离骚》成就，真诚恻怛，切中肯綮。

张衡

张衡（78—139），字平子，河南南阳（今属河南）人。有天文学著作《灵宪》《浑天仪注》、数学著作《算罔论》及辞赋《二京赋》《归田赋》等。

归田赋

游都邑以永久[1]，无明略以佐时[2]。徒临川以羡鱼[3]，俟河清乎未期[4]。感蔡子之慷慨[5]，从唐生以决疑[6]。谅天道之微昧[7]，追渔父以同嬉[8]。超埃尘以遐逝[9]，与世事乎长辞[10]。

于是仲春令月[11]，时和气清；原隰郁茂[12]，百草滋荣。王雎鼓翼[13]，仓庚哀鸣[14]；交颈颉颃[15]，关关嘤嘤[16]。于焉逍遥[17]，聊以娱情。

尔乃龙吟方泽[18]，虎啸山丘。仰飞纤缴[19]，俯钓长流。触矢而毙，贪饵吞钩。落云间之逸禽[20]，悬渊沉之鲨鰡[21]。

于时曜灵俄景[22]，系以望舒[23]。极般游之至乐[24]，虽日夕而忘劬[25]。感老氏之遗诫[26]，将回驾乎蓬庐[27]。弹五弦之妙指[28]，咏周孔之图书[29]。挥翰墨以奋藻[30]，陈三皇之轨模[31]。苟纵心于物外[32]，安知荣辱之所如[33]！

（《文选》，中华书局 1977 年）

注释

[1] 都邑：指东汉都城洛阳。永久：历时长。

[2] 略：谋略。佐时：辅佐当时的君主治理国家。

[3] “徒临川”句：见《淮南子·说林训》：“临流而羡鱼，不如归家织网。”此处指空有辅佐君主的愿望。徒，空，徒然。

[4] 河清：黄河水浊，相传千年一清。古人认为河清是政治清明、升平祥瑞的标志。未期：无期。

[5] 蔡子：指蔡泽，曾为秦相。慷慨：壮士不得志于心。

[6] 唐生：指唐举，战国著名相士。决疑：指对前途疑惑时，问于相士。蔡泽曾向唐举问相。

[7] 谅：确实。微昧：幽隐不明。

[8] 嬉：游玩。

[9] 埃尘：指浊乱的现实社会。遐逝：远行，远游。

[10] 世事：尘俗世务。辞：告别。

[11] 仲春：春季第二个月。令：美好。

[12] 原：宽阔平坦的地方。隰（xí）：低湿的地方。

[13] 王雎：鸟名，即雎鸠。

[14] 仓庚：即鸧鹒，黄鹂。

[15] 颉颃（xiéháng）：鸟上下飞的样子。飞而上曰颉，飞而下曰颃。

[16] 关关嘤嘤：鸟和鸣声。

[17] 逍遥：悠游自得，安闲自在。

[18] 尔乃：于是。龙吟：龙鸣，此处指大声吟啸。方：通“旁”，大。

[19] 纤：细小。缴（zhuó）：系在箭尾的生丝，用来射禽鸟。

[20] 逸禽：指鸿雁。

[21] 悬：指将鱼钓起。鲨（shā）、鰡（liú）：鱼名。

[22] 曜（yào）灵：指太阳。俄：倾斜。景：同“影”，日光。

[23] 系：继续。望舒：传说为月驾车的神，此处指月亮。

[24] 般游：游乐。

[25] 劬（qú）：劳苦。

[26] 老氏：指老子。

[27] 蓬庐：茅舍，指简陋的房屋。

[28] 五弦：五弦琴。指：同“旨”，旨趣。

[29] 周孔之图书：周公和孔子所修的典籍。

[30] 翰墨：笔墨。翰，毛笔。奋藻：奋笔写作。藻，华丽的文辞。

[31] 陈：陈述。三皇：传说不一。一说指燧人氏、伏羲氏、神农氏，一说指伏羲、神农、女娲，一说指天皇、地皇、人皇。轨：法则。模：榜样，标准。

[32] 苟：如果。纵心：纵任心意。物外：世俗名利得失之外。

[33] 如：往，去。

简析

本文被视为东汉抒情小赋之首、六朝骈文之祖。作者以冲淡平和的笔法，写出宦海沉浮的失望；用洗练的语言和鲜明的具象描写山林田园之乐，寄寓幽隐之情。句式短小，对仗整饬，声韵谐美，与三百年后陶渊明《归去来兮辞》遥相呼应。

汉乐府

乐府，原是中国古代音乐机关的名称，秦代已设立，汉武帝时规模拓展。魏晋以后，古代音乐机关收集整理的歌诗也被称为“乐府”。在宋人郭茂倩《乐府诗集》中，汉乐府歌诗主要见于“郊庙歌辞”“鼓吹曲辞”“相和歌辞”“杂歌谣辞”。

陌上桑

日出东南隅[1]，照我秦氏楼。秦氏有好女，自名为罗敷。罗敷喜蚕桑，采桑城南隅。青丝为笼系，桂枝为笼钩。头上倭堕髻[2]，耳中明月珠[3]。缃绮为下裙[4]，紫绮为上襦[5]。行者见罗敷，下担捋髭须[6]。少年见罗敷，脱帽著帩头[7]。耕者忘其犁，锄者忘其锄。来归相怒怨，但坐观罗敷[8]。

使君从南来[9]，五马立踟蹰[10]。使君遣吏往，问是谁家姝[11]？“秦氏有好女，自名为罗敷。”“罗敷年几何？”“二十尚不足，十五颇有余。”使君谢罗敷[12]：“宁可共载不[13]？”罗敷前置辞[14]：“使君一何愚[15]！使君自有妇，罗敷自有夫。”

“东方千余骑，夫婿居上头。何用识夫婿？白马从骊驹[16]，青丝系马尾，黄金络马头[17]，腰中鹿卢剑[18]，可值千万余。十五府小史[19]，二十朝大夫[20]，三十侍中郎[21]，

四十专城居[22]。为人洁白皙，鬑鬑颇有须[23]，盈盈公府步[24]，冉冉府中趋[25]。坐中数千人，皆言夫婿殊[26]。”

（《乐府诗选》，中华书局 2012 年）

注释

[1] 东南隅（yú）：东南方。

[2] 倭堕髻（wōduòjì）：发髻偏歪在头部一侧，似堕非堕，是东汉后期流行的一种时髦发式。

[3] 明月珠：一种宝珠。

[4] 缃（xiāng）：浅黄色。绮（qǐ）：有花纹的丝织品。

[5] 襦（rú）：短袄。

[6] 下担：放下担子。捋（lǚ）：抚摸。髭（zī）须：胡子。髭，嘴唇上方的胡须。须，下巴上长的胡子。

[7] “脱帽”句：把帽子脱下，只戴着纱巾。著，戴。帩（qiào）头，古代男子束发的头巾。

[8] 坐：因为，由于。

[9] 使君：汉代对太守、刺史的称呼。

[10] 五马：指太守所乘的五匹马拉的车。汉朝太守出行用五匹马拉车。踟蹰（chíchú）：徘徊不前的样子，又作“踟躇”。

[11] 姝（shū）：美丽的女子。

[12] 谢：此处是“问”的意思。

[13] 宁可：愿意。不：通“否”。

[14] 置辞：答话。

[15] 一何：怎么这样。

[16] “何用”二句：跟在白马后面骑黑马的那位官员就是自己的丈夫。何用，凭什么。骊（lí）驹，黑色的小马。

[17] “黄金”句：马头上戴着金黄色的笼头。络，此处指用网状物兜住。

[18] 鹿卢剑：剑把用丝绦缠绕起来，像鹿卢的样子，一说剑首以玉雕刻成鹿卢的样子。

鹿卢，即“辘轳”，井上汲水的工具。

[19] 府小史：太守府的小官。史，一作“吏”。

[20] 朝大夫：朝廷上的大夫。

[21] 侍中郎：出入宫禁的侍卫官。

[22] 专城居：治理一城的长官。专，独占。

[23] 鬑鬑（liánlián）：须发稀疏的样子。颇：稍微。

[24] 盈盈：舒缓的样子。公府步：踱方步，很有气度的样子。

[25] 冉冉：走路缓慢。

[26] 殊：出色，与众不同。

简析

这首诗刻画了一位美丽端庄、机智可爱的女性，采用映衬和烘托的手法描写罗敷之美，为文学形象的塑造提供了新鲜的经验，历来为人称道。

曹操

曹操（155—220），字孟德，沛国谯县（今安徽亳州）人。魏曹丕时追谥“武帝”。明人张溥辑有《魏武帝集》。

短歌行

对酒当歌[1]，人生几何[2]？譬如朝露，去日苦多[3]。慨当以慷[4]，忧思难忘。何以解忧？唯有杜康[5]。青青子衿，悠悠我心[6]。但为君故[7]，沉吟至今[8]。呦呦鹿鸣，食野之苹[9]。我有嘉宾，鼓瑟吹笙[10]。明明如月，何时可掇[11]？忧从中来，不可断绝。越陌度阡[12]，枉用相存[13]。契阔谈谦[14]，心念旧恩[15]。月明星稀，乌鹊南飞。绕树三匝[16]，何枝可依？山不厌高，海不厌深。周公吐哺，天下归心[17]。

（《三曹诗选》，人民文学出版社 1997 年）

注释

[1] 当：对着。

[2] 几何：多少。

[3] 去日：逝去的岁月。苦：很。《诗词曲语辞汇释》（卷二）：“苦，甚辞。极也。”苦多，即很多、太多了。

[4] 慷慨：（唱歌时）激昂不平的情绪，此处将其拆开并颠倒是为了押韵。

[5] 杜康：相传为最早发明酒的人，此处指代酒。

[6] “青青”二句：出自《诗经 · 郑风 · 子衿》，原为描写女子思念情人，此处表达对贤才的渴求。衿（jīn），衣领。青衿，周代学子的服装。子，对对方的尊称。悠悠，长久的样子，形容思念连绵不绝。

[7] 但：只是。为：因为。

[8] 沉吟：小声念叨和思索，形容对贤才的思慕。

[9] “呦呦”二句：出自《诗经 · 小雅 · 鹿鸣》，用来表示招贤纳才的热情。呦呦，鹿叫的声音。苹，艾蒿。

[10] 鼓：弹奏。

[11] “何时”句：什么时候可以摘取呢？掇，拾取，摘取。

[12] 陌、阡：田间小路，东西向为“陌”，南北向为“阡”。

[13] 枉用相存：屈驾来访。枉，枉驾。用，以。相，称代性副词，此处指文中的“我”。存，问候，思念。

[14] 契阔谈䜩：两情契合，在一起谈心宴饮。契，投合。阔，疏远。契阔，偏义复词，偏用“契”的意义。䜩，通“宴”。

[15] 念：诉说。

[16] 匝（zā）：圈，周。

[17] “周公”二句：此处曹操以周公自比，表达自己求贤若渴的心情和建功立业的抱负。哺，咀嚼着的食物。《史记》载周公自谓“一饭三吐哺，起以待士”。

简析

这首诗抒发了曹操求贤若渴的心情和统一天下的雄心壮志，将深沉的人生哲思和远大的政治抱负熔铸在浓郁的抒情意境中，摄人心魄。

观沧海

东临碣石[1]，以观沧海。水何澹澹[2]，山岛竦峙[3]。树木丛生，百草丰茂。秋风萧瑟，洪波涌起。日月之行，若出其中；星汉灿烂[4]，若出其里。幸甚至哉[5]，歌以咏志。

（《三曹诗选》，人民文学出版社 1997 年）

注释

[1] 临：登上。碣石：山名，今河北昌黎碣石山。

[2] 何：多么。澹澹（dàndàn）：水波动荡的样子。

[3] 竦（sǒng）：通“耸”，高。峙（zhì）：挺立。

[4] 星汉：银河。

[5] 幸甚至哉：太值得庆幸了！

简析

诗人以简洁的笔墨写出了眼前吞吐日月、波澜壮阔的大海，抒发了心中建功立业、积极进取的英雄情怀，气势磅礴，苍凉悲壮。

龟虽寿

神龟虽寿[1]，犹有竟时[2]。螣蛇乘雾[3]，终为土灰。老骥伏枥[4]，志在千里；烈士暮年[5]，壮心不已[6]。盈缩之期[7]，不但在天[8]；养怡之福[9]，可得永年[10]。幸甚至哉，歌以咏志。

（《三曹诗选》，人民文学出版社 1997 年）

注释

[1] 神龟：传说中的通灵之龟，能活几千岁。寿：长寿。

[2] 竟：完了，此处指死亡。

[3] 螣蛇（téngshé），传说中与龙同类的神物，能腾云驾雾。

[4] 骥（jì）：良马，千里马。枥（lì）：马槽。

[5] 烈士：有远大抱负的人。暮年：晚年。

[6] 已：停止。

[7] 盈缩：指人寿命的长短。盈，满。缩，亏。

[8] 但：仅，只。

[9] 养怡：修养平和之气。

[10] 永年：长寿。

简析

作者以一匹年老体衰但雄心仍在的千里马自比，表现了老当益壮、积极进取的人生态度。

王粲

王粲（177—217），字仲宣。山阳郡高平县（今山东微山县）人。“建安七子”之一。明人张溥辑有《王侍中集》。

七哀诗

西京乱无象[1]，豺虎方遘患[2]。复弃中国去[3]，远身适荆蛮[4]。亲戚对我悲，朋友相追攀[5]。出门无所见，白骨蔽平原。路有饥妇人，抱子弃草间。顾闻号泣声[6]，挥涕独不还。“未知身死处，何能两相完[7]？”驱马弃之去，不忍听此言。南登霸陵岸[8]，回首望长安。悟彼《下泉》人[9]，喟然伤心肝。

（《先秦汉魏晋南北朝诗》，中华书局 1983 年）

注释

[1] 西京：指长安，西汉国都。象：章法，法式。

[2] 豺虎：指董卓的部将李傕、郭汜等人。遘（gòu）：通“构”，造成。

[3] 中国：中原地区。去：离开。

[4] 远：一作“委”。适：到……去。

[5] 追攀：追逐拉扯，表示依依不舍的样子。

[6] 顾：回头。号泣：哭泣。

[7] 完：保全。

[8] 霸陵：汉文帝刘恒陵墓所在地，在今陕西长安东。岸：高坡，高冈。

[9]《下泉》:《诗经 · 曹风》篇名，一般认为是曹国人怀念贤明先王的诗。

简析

这首诗描写了东汉末年天下大乱造成的人间惨象，原野中白骨累累，饥饿的母亲将幼小的孩子抛弃路边，这幅悲惨的画面令人不寒而栗、过目难忘。

曹丕

曹丕（187—226），字子桓，沛国谯县（今安徽亳州）人。三国时期魏文帝。明人张溥辑有《魏文帝集》。

与吴质书（节选）

观古今文人，类不护细行[1]，鲜能以名节自立[2]。而伟长独怀文抱质[3]，恬淡寡欲，有箕山之志[4]，可谓彬彬君子者矣[5]。著《中论》二十余篇，成一家之言，辞义典雅，足传于后，此子为不朽矣。德琏常斐然有述作之意[6]，其才学足以著书，美志不遂，良可痛惜[7]。间者历览诸子之文[8]，对之抆泪[9]，既痛逝者，行自念也。孔璋章表殊健[10]，微为繁富。公干有逸气[11]，但未遒耳[12]；其五言诗之善者，妙绝时人[13]。元瑜书记翩翩[14]，致足乐也。仲宣续自善于辞赋[15]，惜其体弱[16]，不足起其文，至于所善，古人无以远过。昔伯牙绝弦于钟期，仲尼覆醢于子路[17]，痛知音之难遇，伤门人之莫逮[18]。诸子但为未及古人，自一时之隽也[19]，今之存者，已不逮矣。后生可畏，来者难诬[20]，然恐吾与足下不及见也[21]。

（《文选》，中华书局 1977 年）

注释

[1] 类：众多。护：在意，注意。细行：小事，小节。

[2] 鲜（xiǎn）：少。

[3] 伟长：徐干的字。怀文抱质：指文才与品德兼备。

[4] 箕（jī）山之志：指隐居不仕、洁身自守的节操。

[5] 彬彬君子：见《论语　雍也》："子曰：质胜文则野，文胜质则史。文质彬彬，然后君子。"彬彬，文质兼备。

[6] 德琏：应玚的字。斐然：文采显著。

[7] 良：确实，实在。

[8] 间者：近来。

[9] 抆（wěn）：擦。

[10] 孔璋：陈琳的字。章表：奏章，奏表。殊：甚，极。健：擅长，善于。

[11] 公干：刘桢的字。逸气：超脱世俗的气度。

[12] 遒：强劲有力。

[13] 绝：超过。

[14] 元瑜：阮瑀的字。书记：书札，奏记。翩翩：文采优美。

[15] 仲宣：王粲的字。

[16] 体弱：此处指文气弱。

[17] 覆：倒出。醢（hǎi）：肉酱。

[18] 逮：比得上。

[19] 隽：才智出众的人。

[20] 诬：妄加评论。

[21] 足下：下称上或同辈相称的敬辞。

简析

本文选自曹丕写给友人吴质的书信。节选部分用精当的笔墨评论了徐干、应玚、陈琳、刘桢、阮瑀、王粲的文学创作特色，认为他们虽未及古人，但不失为一时之隽。如今斯人已逝，莫不伤怀，继而流露出深深的岁月迁逝之悲。全篇感情真挚动人，语言优美流畅，令人读之动心、动容。

曹植

曹植（192—232），字子建，沛国谯县（今安徽亳州）人。谥思，后世称“陈思王”。有《曹子建集》。

白马篇[1]

白马饰金羁[2]，连翩西北驰[3]。借问谁家子，幽并游侠儿[4]。少小去乡邑，扬声沙漠垂[5]。宿昔秉良弓[6]，楛矢何参差[7]。控弦破左的[8]，右发摧月支[9]。仰手接飞猱[10]，俯身散马蹄[11]。狡捷过猴猿[12]，勇剽若豹螭[13]。边城多警急，虏骑数迁移[14]。羽檄从北来[15]，厉马登高堤[16]。长驱蹈匈奴[17]，左顾陵鲜卑[18]。弃身锋刃端，性命安可怀[19]？父母且不顾[20]，何言子与妻！名在壮士籍[21]，不得中顾私[22]。捐躯赴国难[23]，视死忽如归！

（《曹子建集》，上海书店 1989 年）

注释

[1] 白马篇：以开头二字名篇，又名《游侠篇》，是曹植创作的乐府新题。

[2] 羁（jī）：马络头。

[3] 连翩：连续不断。

[4] 幽并：幽州和并州。今河北、山西和陕西诸省一部分地区。游侠儿：自恃勇武重义而轻生的人。

[5] 声：名声。垂：同“陲”，边疆。

[6] 秉：手拿。

[7] 楛（hù）：木名，茎坚韧，可做箭杆及器物。参差：长短不一。

[8] 控弦：拉弓。破：穿透。的：箭靶。

[9] 摧：毁坏。月支：箭靶名。

[10] 接：迎射。猱（náo）：一种行动敏捷、善攀缘的猿类。

[11] 散：射裂。马蹄：指箭靶。

[12] 狡捷：灵活敏捷。

[13] 剽（piāo）：轻疾。螭（chī）：传说中无角的龙。

[14] 虏：古代对北方外族的蔑称。骑：骑兵。

[15] 羽檄：插有羽毛的紧急军事文书。

[16] 厉：鞭策。

[17] 长驱：策马前进不止。蹈：践踏。

[18] 陵：同“凌”，侵犯，欺辱。鲜卑：中国古代东北方的游牧民族。

[19] 怀：顾惜，爱惜。

[20] 顾：顾及，顾念。

[21] 籍：人名簿。

[22] 中：内心。

[23] 捐躯：为国献身。赴：到，去。

简析

这首诗塑造了一位武艺精绝且忠心报国的青年英雄形象，寄托了诗人为国效力、建功立业的渴望。

诸葛亮

诸葛亮（181—234），字孔明，号卧龙，琅琊阳都（今山东沂南）人，三国时期蜀汉丞相。有《诸葛亮集》。

出师表

先帝创业未半而中道崩殂[1]，今天下三分，益州疲弊[2]，此诚危急存亡之秋也[3]。然侍卫之臣不懈于内，忠志之士忘身于外者，盖追先帝之殊遇[4]，欲报之于陛下也。诚宜开张圣听[5]，以光先帝遗德[6]，恢弘志士之气[7]，不宜妄自菲薄[8]，引喻失义[9]，以塞忠谏之路也。宫中府中俱为一体[10]，陟罚臧否[11]，不宜异同[12]。若有作奸犯科及为忠善者[13]，宜付有司论其刑赏[14]，以昭陛下平明之理[15]，不宜偏私，使内外异法也。侍中、侍郎郭攸之、费祎、董允等，此皆良实[16]，志虑忠纯，是以先帝简拔以遗陛下[17]。愚以为宫中之事，事无大小，悉以咨之，然后施行，必能裨补阙漏[18]，有所广益。将军向宠，性行淑均[19]，晓畅军事[20]，试用于昔日[21]，先帝称之曰能，是以众议举宠为督。愚以为营中之事，悉以咨之，必能使行阵和睦[22]，优劣得所[23]。亲贤臣[24]，远小人，此先汉所以兴隆也[25]；亲小人，远贤臣，此后汉所以倾颓也[26]。先帝在时，每与臣论此事，未尝不叹息痛恨于桓、灵也[27]。侍中、尚书、长史、参军，此悉贞良死节之臣[28]，愿陛下亲之信之，则汉室之隆，可计日而待也。

臣本布衣，躬耕于南阳，苟全性命于乱世，不求闻达于诸侯。先帝不以臣卑鄙[29]，猥自枉屈[30]，三顾臣于草庐之中[31]，谘臣以当世之事[32]，由是感激[33]，遂许先帝以驱驰[34]。后值倾覆，受任于败军之际，奉命于危难之间，尔来二十有一年矣。先帝知臣谨慎，故临崩寄臣以大事也[35]。受命以来，夙夜忧叹[36]，恐托付不效，以伤先帝之明，故五月渡泸[37]，深入不毛[38]。今南方已定，兵甲已足，当奖率三军[39]，北定中原，庶竭驽钝[40]，攘除奸凶[41]，兴复汉室，还于旧都。此臣所以报先帝，而忠陛下之职分也[42]。

至于斟酌损益[43]，进尽忠言，则攸之、祎、允之任也。愿陛下托臣以讨贼兴复之效；不效，则治臣之罪，以告先帝之灵。若无兴德之言，则责攸之、祎、允等之慢[44]，以彰其咎[45]。陛下亦宜自谋[46]，以谘诹善道[47]，察纳雅言[48]，深追先帝遗诏。臣不胜受恩感激。今当远离，临表涕零[49]，不知所言。

（《三国志》，中华书局 2000 年）

注释

[1] 崩殂（cú）：指天子帝王的死。

[2] 益州：此处指蜀汉。疲弊：百姓疲惫，民生凋敝。

[3] 存亡：偏义复词，此处偏指“亡”。秋：时候。

[4] 殊遇：一本无“殊”字。

[5] 圣听：皇帝圣明的听闻。

[6] 光：发扬光大。

[7] 恢弘：扩大。一本无“弘”字。

[8] 妄：随便，轻率。菲薄：看轻。

[9] 引喻失义：说话不恰当。

[10] 宫中：指皇宫中。府中：指朝廷中。

[11] 陟（zhì）：提升，提拔。罚：惩罚降职。臧（zāng）：善，指表扬。否（pǐ）：恶，指批评。

[12] 异同：偏义复词，此处意义偏在“异”。

[13] 作奸：为非作歹。科：科条，法令。

[14] 付：交付给。有司：专门管理某种事务的官。

[15] 昭：彰显，显扬。平明：公平严明。理：治理。

[16] 良实：善良忠实。

[17] 简拔：选拔。遗（wèi）：给。

[18] 裨（bì）：弥补，补救。阙：通“缺”，缺点。

[19] 性行（xíng）：性格和品行。淑：善。均：公平。

[20] 晓畅：谙熟，精通。

[21] 试用：任用。

[22] 行阵：指部队。睦：一本作“穆”。

[23] 优劣得所：才能高的和才能低的都能得到恰当的位置。

[24] 贤臣：一本作“贤士”。

[25] 先汉：西汉。所以：……的原因。

[26] 后汉：东汉。

[27] 痛恨：痛心遗憾。桓、灵：汉桓帝和汉灵帝。

[28] 贞良：一本作“贞亮”，坚贞忠直。

[29] 卑鄙：身份低微，见识浅薄。

[30] 猥（wěi）：辱，此处有降低身份的意思。枉屈：委屈，指屈尊就卑。

[31] 顾：拜访。

[32] 谘：询问。

[33] 感激：感动奋激。

[34] 驱驰：驱车追赶，此处是奔走效劳的意思。

[35] 崩：指天子或皇帝去世。大事：辅佐刘禅兴复汉室之事。

[36] 夙（sù）：早晨。

[37] 渡：一本作“度”。

[38] 不毛：不长庄稼，指人烟稀少。毛，苗。

[39] 奖：鼓励。率：一本作“帅”。

[40] 庶（shù）：希望。竭：竭尽。驽（nú）钝：指平庸的才能，这是诸葛亮自谦的话。驽，劣马。钝，刀刃不锋利。

[41] 攘（rǎng）除：铲除。奸凶：奸邪凶恶之人，此处指曹魏政权。

[42]“此臣”二句：这些是我用来报答先帝、效忠陛下的职责本分。所以，用来……的。

[43] 斟酌损益：斟情酌理，有所兴办，比喻做事要掌握分寸。斟酌，考虑事情得失。损，除去。益，增加。

[44] 慢：怠慢，疏忽。

[45] 咎（jiù）：错误。

[46] 谋：一本作“课”，督促。

[47] 诹（zōu）：询问。

[48] 察纳：了解并采纳。察，明察。雅言：合理的言论。

[49] 临：面对着。零：滴落。一本作“泣”。

简析

本文表达了诸葛亮报答先帝知遇之恩的真挚感情和北定中原的坚定决心，言辞恳切，率直质朴，晓之以理，动之以情，处处彰显臣子身份，用心良苦，感人至深。

阮籍

阮籍（210—263），字嗣宗，陈留尉氏（今河南开封）人，“竹林七贤”之一。有《阮籍集》。

咏怀

夜中不能寐，起坐弹鸣琴。薄帷鉴明月[1]，清风吹我襟。孤鸿号外野，翔鸟鸣北林[2]。徘徊将何见？忧思独伤心。

（《阮籍诗文选译》，凤凰出版社 2011 年）

注释

[1] 帷：帷幔，帐幔。鉴：照。

[2] 北林：出自《诗经 · 秦风 · 晨风》：“鴥（yù）彼晨风，郁彼北林。未见君子，忧心钦钦。如何如何，忘我实多！”后往往用“北林”表示忧伤。

简析

阮籍五言《咏怀诗》今存八十二首，此为第一首。深夜失眠的诗人索性起坐弹琴，明月相照，清风吹襟，孤鸿号泣，翔鸟在林，独自沉吟徘徊，独自忧愁伤心。寥寥数语，诗人内心的愤懑、悲凉、落寞、忧虑等跃然纸上。

稽康

稽康（224—263），字叔夜，谯国铚郡（今安徽濉溪）人。“竹林七贤”之一，有《嵇康集》。

赠兄秀才入军 [1]

息徒兰圃 [2]，秣马华山 [3]。流磻平皋 [4]，垂纶长川 [5]。目送归鸿，手挥五弦 [6]。

俯仰自得，游心太玄 [7]。嘉彼钓叟，得鱼忘筌 [8]。郢人逝矣，谁与尽言？

（《嵇康集校注》，中华书局 2014 年）

注释

[1] 赠兄秀才入军：戴明扬《嵇康集校注》题为“兄秀才公穆入军赠诗十九首”。嵇喜，字公穆，嵇康之兄。

[2] 徒：部队。兰圃：有兰草的野地。

[3] 秣（mò）马：喂马。

[4] 磻（bō）：用丝线系在箭上的石块，可以射鸟。皋（gāo）：水边地。

[5] 垂纶（lún）：钓鱼。纶，钓丝。

[6] 五弦：乐器名，像琵琶而略小。

[7] 游心太玄：意思是对于道心有神会。太玄，就是大道。

[8] 筌（quán）：捕鱼的竹器。

简析

嵇康之兄嵇喜曾举秀才，去从军时，嵇康写了一组四言诗相赠，这是其中第十四首。诗人书写了想象中行军之暇领略山水乐趣的情景，其实这并非真正军旅生活的写照，完全是诗人自己高邈深远的内心情趣的反映。语言凝练，风神超逸。

左思

左思（约250—约305），字太冲，齐国临淄（今山东临淄）人。“二十四友”之一。有《左太冲集》。

咏史（其一）

弱冠弄柔翰[1]，卓荦观群书[2]。著论准《过秦》，作赋拟《子虚》[3]。边城苦鸣镝[4]，羽檄飞京都[5]。虽非甲胄士[6]，畴昔览穰苴[7]。长啸激清风，志若无东吴。铅刀贵一割[8]，梦想骋良图。左眄澄江湘[9]，右盼定羌胡[10]。功成不受爵，长揖归田庐[11]。

（《先秦汉魏晋南北朝诗》，中华书局1983年）

注释

[1] 弱冠：指男子二十岁。柔翰：指毛笔。

[2] 卓荦（luò）：卓越，出众。

[3]“著论”二句：写论议以《过秦论》为典范，作赋以《子虚赋》为楷模。《过秦论》，西汉贾谊政论名篇;《子虚赋》，西汉司马相如名作。

[4] 鸣镝（dí）：指战争。镝，箭头。

[5] 羽檄（xí）：古时军事文书，上插羽毛以示紧急。

[6] 甲胄（zhòu）士：指战士。甲胄，盔甲。

[7] 畴昔：以前。穰苴（Rángjū）：春秋时齐国人，善于用兵，曾为大司马，此处指兵书。

[8]“铅刀”句：铅刀迟钝，一割不能再用。此句为作者自谦，虽然才能愚钝，仍希望施展才能实现抱负。

[9] 眄（miǎn）：看。

[10] 羌胡：泛指西北地区少数民族。

[11] 田庐：家园。

简析

左思《咏史》八首，此为第一首。在这首诗中，左思抒写了自己的雄心壮志，认为自己文武双全，才能出众，字里行间既表达了对建功立业的渴望，也表明了不贪恋富贵的精神与情怀。

咏史（其二）

郁郁涧底松[1]，离离山上苗[2]。以彼径寸茎[3]，荫此百尺条[4]。世胄蹑高位[5]，英俊沉下僚[6]。地势使之然，由来非一朝。金张藉旧业[7]，七叶珥汉貂[8]。冯公岂不伟[9]，白首不见招[10]。

（《先秦汉魏晋南北朝诗》，中华书局 1983 年）

注释

[1] 郁郁：茂盛的样子。

[2] 离离：下垂的样子。

[3] 彼：指山上苗。径寸茎：直径一寸粗的茎。

[4] 荫（yìn）：遮蔽。此：指涧底松。

[5] 世胄（zhòu）：世家子弟。蹑（niè）：踩，登。

[6] 英俊：此处指出身贫寒的人才。下僚（liáo）：下级官员，即属员。

[7] 金：指金日磾（Jīn Mìdī），金家自汉武帝到汉平帝七代为内侍。张：指张汤，自汉宣帝以后，其家有十余人为侍中、中常侍。《汉书 · 张汤传》："功臣之后唯有金氏、张氏亲近贵宠，比于外戚。"

[8] 七叶：七世。珥（ěr）：插。貂（diāo）：指貂尾。汉代侍中、中常侍的帽子上皆插貂尾做装饰，侍中插左，中常侍插右。

[9] 冯公：冯唐，曾指责汉文帝不会用人，武帝时仍是职位低微的郎官。伟：才识卓略。

[10] 不见招：不被进用。

简析

左思《咏史》八首，此为其二。作品开头用涧底松比喻有才华的寒门士子，以山上苗比喻世家贵族子弟，形象地揭露了门阀制度的不合理。后面又用历史上的著名望族和不得志名人的典故进行对比，进一步对“世胄蹑高位，英俊沉下僚”这种不合理的社会现象进行抨击。对比手法贯穿始终，鲜明生动。

王羲之

王羲之（303—361），字逸少，琅琊临沂（今山东临沂）人。东晋时任右军将军、会稽内史，世称“王右军”“书圣”。明人张溥辑有《王右军集》。

兰亭集序

永和九年[1]，岁在癸丑[2]，暮春之初，会于会稽山阴之兰亭[3]，修禊事也[4]。群贤毕至，少长咸集[5]。此地有崇山峻岭，茂林修竹[6]；又有清流激湍，映带左右[7]，引以为流觞曲水[8]，列坐其次[9]。虽无丝竹管弦之盛[10]，一觞一咏[11]，亦足以畅叙幽情[12]。

是日也[13]，天朗气清，惠风和畅[14]，仰观宇宙之大，俯察品类之盛[15]，所以游目骋怀[16]，足以极视听之娱[17]，信可乐也[18]。

夫人之相与[19]，俯仰一世[20]，或取诸怀抱[21]，悟言一室之内[22]；或因寄所托，放浪形骸之外[23]。虽趣舍万殊[24]，静躁不同[25]，当其欣于所遇，暂得于己，快然自足[26]，不知老之将至[27]。及其所之既倦[28]，情随事迁[29]，感慨系之矣[30]。向之所欣，俯仰之间，已为陈迹，犹不能不以之兴怀[31]。况修短随化[32]，终期于尽[33]。古人云：“死生亦大矣。”岂不痛哉！

每览昔人兴感之由，若合一契[34]，未尝不临文嗟悼[35]，不能喻之于怀[36]。固知一死生为虚诞[37]，齐彭殇为妄作[38]，后之视今，亦犹今之视昔。悲夫！故列叙时人[39]，录其所述[40]，虽世殊事异，所以兴怀，其致一也[41]。后之览者，亦将有感于斯文。

（《晋书》，中华书局 1996 年）

注释

[1] 永和：晋穆帝的年号。

[2] 癸（guǐ）丑：永和九年的干支纪年。

[3] 会稽：郡名，今浙江绍兴。

[4] 修禊（xì）：古代一种风俗，人们到水边嬉戏游玩，并举行祈福消灾的仪式。

[5] 毕、咸：都。

[6] 修：长。

[7] 映带：映衬，围绕。

[8] 流觞（shāng）：把盛酒的酒杯浮在水面上，酒杯顺着曲折的水流而下，停留到谁的面前，谁就取来饮酒。觞，酒杯。

[9] 列坐：排列而坐。次：水旁，水边。

[10] 丝竹管弦：都是古代乐器，此处指音乐。

[11] 一觞一咏：喝着酒作着诗。

[12] 幽情：深情。

[13] 是日：这一天。

[14] 惠风：和风。

[15] 品类：指自然界的万物。

[16] 所以游目骋怀：用来舒展眼力，开阔胸怀。骋，奔驰。

[17] 极：穷尽。

[18] 信：实在。

[19] 夫：发语词。相与：相处。

[20] 俯仰：低头抬头间，表示时间的短暂。

[21] 取诸：取之于，从……中取得。

[22] 悟言：晤言。面对面的谈话。

[23]“或因”二句：就着自己所爱好的事物，寄托自己的情怀，不受约束，放纵无羁的生活。因，随着。放浪，放纵，无拘束。形骸（hái），身体，形体。

[24] 趣舍：即取舍，爱好。殊：不同。

[25] 静躁：安静与躁动，此处指性格。

[26] 快然：高兴的样子。

[27] 不知老之将至：一作“曾不知老之将至”。

[28] 所之既倦：（对于）所喜爱或得到的事物已经厌倦。之，往，到达。

[29] 情随事迁：感情随着事物的变化而变化。迁，变化。

[30] 感慨系之：感慨随之而生。系，附着。

[31] 兴怀：引发感触。

[32] 修短：寿命长短。修，长。随化：听凭造化。

[33] 期：至，到达。

[34] 契（qì）：符契，古代一种信物，用木或竹制成，在符契上刻上字，剖而为二，各执一半，作为凭证。

[35] 悼（dào）：哀伤。

[36] 喻：明白。

[37] 一：把……看作一样，等同起来。

[38] 齐：把……看作相等。彭：彭祖，相传为尧官，寿八百岁，后人以为长寿的象征。殇（shāng）：未成年死去的人。妄作：妄造，胡说。

[39] 列叙时人：一个一个记下当时与会的人。

[40] 录其所述：录下他们作的诗。

[41] 其致一也：人们的思想情趣是一样的。

简析

晋穆帝永和九年（353）三月初三，王羲之与谢安、孙绰等四十一位名流高士在会稽山阴兰亭雅集，饮酒赋诗，会后将作品结集，由王羲之写序总述。王羲之用隽妙雅逸、清新脱俗的语言描写了兰亭周围的山水之美和文人雅聚的欢乐之情，抒发了对生死无常、世事变迁的感慨，表现出积极入世的人生态度。

陶渊明

陶渊明（365或372或376—427），字元亮，又名潜，私谥靖节，世称靖节先生，浔阳柴桑（今江西九江）人。曾任彭泽县令，因此又称“陶彭泽”。以田园诗著称，被称为“古今隐逸诗人之宗”。有《陶渊明集》。

归去来兮辞

归去来兮，田园将芜胡不归[1]？既自以心为形役，奚惆怅而独悲[2]？悟已往之不谏[3]，知来者之可追[4]。实迷途其未远，觉今是而昨非。舟遥遥以轻飏[5]，风飘飘而吹衣。问征夫以前路[6]，恨晨光之熹微[7]。

乃瞻衡宇[8]，载欣载奔。僮仆欢迎，稚子候门。三径就荒[9]，松菊犹存。携幼入室，有酒盈樽[10]。引壶觞以自酌，眄庭柯以怡颜[11]。倚南窗以寄傲[12]，审容膝之易安[13]。园日涉以成趣[14]，门虽设而常关。策扶老以流憩[15]，时矫首而遐观[16]。云无心而出岫[17]，鸟倦飞而知还。景翳翳以将入[18]，抚孤松而盘桓。

归去来兮，请息交以绝游[19]。世与我而相违，复驾言兮焉求？悦亲戚之情话，乐琴书以消忧。农人告余以春及[20]，将有事于西畴[21]。或命巾车[22]，或棹孤舟[23]。既窈窕以寻壑，亦崎岖而经丘。木欣欣以向荣[24]，泉涓涓而始流[25]。

善万物之得时[26]，感吾生之行休[27]。

已矣乎[28]！寓形宇内复几时[29]。曷不委心任去留[30]？胡为乎遑遑兮欲何之[31]？富贵非吾愿，帝乡不可期[32]。怀良辰以孤往，或植杖而耘耔[33]。登东皋以舒啸[34]，临清流而赋诗。聊乘化以归尽[35]，乐夫天命复奚疑！

（《笺注陶渊明集》，上海书店 1989 年）

注释

[1] 芜：田地荒废，野草丛生。胡：同“何”，为什么。

[2] 奚：为什么。惆怅：因失意而伤感。

[3] 谏：挽回。

[4] 追：补救。

[5] 遥遥：摇摆不定。飏：船缓缓前进。

[6] 征夫：远行的人。

[7] 恨：遗憾。熹微：光线暗淡。熹，明亮。

[8] 瞻：看。衡宇：此处指简陋的旧宅。

[9] 三径：隐士居所的代称，此处指院中小路。就：快要。

[10] 盈：充满。樽：盛酒器。

[11] 眄：斜视。

[12] 寄傲：寄托旷达的傲世情怀。

[13] 审：明白。容膝：形容居室小。

[14] 涉：游玩。

[15] 策：持。扶老：手杖。流：周游。憩：休息。

[16] 矫首：抬头。遐：高远。

[17] 岫（xiù）：山峰。

[18] 景（yǐng）：日光，后作“影”。翳（yì）翳：晦暗不明。

[19] 息交：断绝交往，不问世事。

[20] 及：到了。

[21] 畴：田地。

[22] 巾车：有帷幕的车。

[23] 棹（zhào）：船桨，此处做动词，划桨。

[24] 欣欣：草木茂盛。

[25] 涓涓：细水慢流。

[26] 善：欣羡。

[27] 行休：指死亡。

[28] 已矣乎：算了吧。

[29] 宇内：天地。

[30] 曷（hé）不：何不。委心：随心。

[31] 遑遑：心神不定。

[32] 帝乡：神仙居所。期：希望。

[33] 耘：除草。耔（zǐ）：培土。

[34] 皋：水边高地。

[35] 聊：姑且。归尽：指死亡。

简析

本文通过想象，描述了自己辞职回乡路上和到家后的情形，对今后的隐居生活充满了美好的设想和期待，可以看作作者脱离仕途回归田园的宣言书。

桃花源记

晋太元中[1]，武陵人捕鱼为业[2]。缘溪行[3]，忘路之远近。忽逢桃花林，夹岸数百步，中无杂树，芳草鲜美[4]，落英缤纷[5]，渔人甚异之。复前行，欲穷其林[6]。

林尽水源，便得一山，山有小口，仿佛若有光。便舍船，从口入。初极狭，才通人[7]。复行数十步，豁然开朗[8]。土地平旷，屋舍俨然[9]，有良田美池桑竹之属[10]。阡陌交通[11]，鸡犬相闻。其中往来种作，男女衣着，悉如外人。黄发垂髫[12]，并怡然自乐[13]。

见渔人，乃大惊[14]，问所从来。具答之。便要还家[15]，设酒杀鸡作食。村中闻有此人，咸来问讯[16]。自云先世避秦时乱[17]，率妻子邑人来此绝境[18]，不复出焉，遂与外人间隔[19]。问今是何世，乃不知有汉，无论魏晋[20]。此人一一为具言所闻，皆叹惋[21]。余人各复延至其家[22]，皆出酒食。停数日，辞去。此中人语云："不足为外人道也[23]。"

既出，得其船，便扶向路[24]，处处志之[25]。及郡下[26]，诣太守[27]，说如此。太守即遣人随其往，寻向所志，遂迷，不复得路。

南阳刘子骥[28]，高尚士也[29]，闻之，欣然规往[30]。未果，寻病终[31]，后遂无问津者[32]。

（《笺注陶渊明集》，上海书店 1989 年）

注释

[1] 太元：晋孝武帝的年号。

[2] 武陵：郡名，今湖南常德。

[3] 缘：沿着。

[4] 芳草：香草。

[5] 缤纷：繁多纷乱的样子。

[6] 穷：尽。

[7] 才：只，仅仅。

[8] 豁：开阔。

[9] 俨然：整齐有序的样子。

[10] 属：类。

[11] 交通：交相通达。

[12] 黄发：指老人。垂髫（tiáo）：指儿童。

[13] 怡然：安适自在，喜悦的样子。

[14] 乃：竟然。

[15] 要（yāo）：通“邀”，邀请。

[16] 咸：都。问讯：打听。

[17] 先世：祖先。

[18] 率：带领。妻子：妻子和儿女。邑人：同乡的人。绝境：与外界隔绝之地。

[19] 间隔：分离，断绝往来。

[20] 无论：更不用说。

[21] 叹惋：嗟叹惋惜。

[22] 延：请。

[23] 不足：不必。

[24] 向：从前，原先。

[25] 志：动词，做标记。

[26] 郡下：指武陵郡。

[27] 诣（yì）：造访。太守：郡行政长官。

[28] 南阳：郡名，今河南南阳。刘子骥：东晋隐士。

[29] 高尚：志行高洁。

[30] 规：计划。

[31] 寻：不久。

[32] 津：渡口。

简析

这是《桃花源诗》的序言，用武陵人的行踪把现实与理想联系到一起，通过对桃花源中优美环境与人们美好生活的描写，表现出作者对丑恶现实的不满和对美好理想的追求。

五柳先生传

先生不知何许人也[1]，亦不详其姓字[2]，宅边有五柳树，因以为号焉。闲靖少言，不慕荣利[3]。好读书，不求甚解[4]；每有会意[5]，便欣然忘食[6]。性嗜酒[7]，家贫不能常得。亲旧知其如此[8]，或置酒而招之[9]；造饮辄尽[10]，期在必醉[11]。既醉而退[12]，曾不吝情去留[13]。环堵萧然[14]，不蔽风日；短褐穿结[15]，箪瓢屡空[16]，晏如也[17]。常著文章自娱，颇示己志[18]。忘怀得失，以此自终。

赞曰：黔娄之妻有言[19]："不戚戚于贫贱[20]，不汲汲于富贵[21]。"极其言，兹若人之俦乎[22]？酣觞赋诗[23]，以乐其志，无怀氏之民欤？葛天氏之民欤？[24]

（《陶渊明集笺注》，中华书局 2003 年）

注释

[1] 许：地方。

[2] 详：知道。

[3] 慕：向往，追求。

[4] 不求甚解：只领会大意，不过分追究字句。

[5] 会意：领悟。

[6] 欣然：喜悦的样子。

[7] 性：生性。嗜：爱好，喜爱。

[8] 旧：旧友。

[9] 或：有时。置：摆设。

[10] 造：到，去。

[11] 期：希望。

[12] 退：离去。

[13] 曾（zēng）：竟。吝情：顾惜，顾念。

[14] 环堵：四围土墙。此处形容居室简陋。堵，墙。萧然：空旷。

[15] 穿结：在衣服上打补丁。结，缝补。

[16] 箪（dān）瓢屡空：形容经常难以吃饱。箪，古代盛饭的圆竹器。屡，经常。

[17] 晏如：安然恬适。

[18] 颇：略微，稍。

[19] 黔娄：春秋时鲁国隐士。

[20] 戚戚：忧伤。

[21] 汲汲：急切。

[22] 兹：这。俦（chóu）：类。

[23] 酬：劝酒，敬酒。觞：酒杯，此处指杯中之酒。

[24] 无怀氏、葛天氏：传说中的上古帝王。

简析

这篇文章是作者的自传，用简洁的语言刻画了一位志向高洁、不慕荣华、安贫乐道、率真自然的隐者形象，其中也暗含着对丑恶黑暗现实的不满与嘲讽。

鲍照

鲍照（约 414—466），字明远，东海（今山东郯城）人，与谢灵运、颜延之合称“元嘉三大家”。有《鲍氏集》。

拟行路难

对案不能食[1]，拔剑击柱长叹息。丈夫生世会几时？安能蹀躞垂羽翼[2]！弃置罢官去，还家自休息。朝出与亲辞，暮还在亲侧。弄儿床前戏[3]，看妇机中织。自古圣贤尽贫贱，何况我辈孤且直[4]！

（《鲍氏集》，上海书店 1989 年）

注释

[1] 案：放食器的桌儿。

[2] 蹀躞（diéxiè）：小步行走。垂羽翼：以鸟垂下翅膀喻人不得志而垂头丧气。

[3] 弄儿：逗小孩儿。

[4] 孤：孤高。

简析

这首诗表达出对自身空怀抱负却无从施展的不公社会的强烈愤慨，既有深深的无奈与不得已，又通过联想古代圣贤的相似处境而进行自我安慰，从而得到解脱。

谢朓

谢朓（464—499），字玄晖，陈郡阳夏县（今河南太康）人。曾任宣城太守。与“大谢”谢灵运同族，世称“小谢”。“竟陵八友”之一。有《谢宣城集》。

晚登三山还望京邑[1]

灞涘望长安[2]，河阳视京县[3]。白日丽飞甍[4]，参差皆可见。余霞散成绮[5]，澄江静如练[6]。喧鸟覆春洲，杂英满芳甸[7]。去矣方滞淫[8]，怀哉罢欢宴[9]。佳期怅何许[10]，泪下如流霰[11]。有情知望乡，谁能鬒不变[12]？

（《谢宣城诗集》，上海书店 1989 年）

注释

[1] 三山：山名，在今江苏南京西南。京：京都，指南齐都城建康，今南京。

[2] 灞：一作“霸”，水名，渭河支流。

[3] 河阳：县名，在今河南孟州西。京县：指西晋都城洛阳。

[4] 丽：此处指照射。飞甍（méng）：形容屋脊的两侧如飞鸟张开的翅膀一般。甍，屋脊。

[5] 绮（qǐ）：有花纹的丝织品。

[6] 澄：清澈。练：白娟。

[7] 杂：繁多。甸：郊野。

[8] 方：将。滞淫：长久停留。

[9] 怀：思念。

[10] 佳期：好日子，指归来的日期。

[11] 霰（xiàn）：小雪珠，形容泪水。

[12] 鬒（zhěn）：黑头发。变：此处指黑发变白。

简析

这是一首五言古诗，抒写诗人登上三山遥望京城建康和大江美景引起的思乡之情。其中“余霞散成绮，澄江静如练”二句，千百年来脍炙人口。

吴均

吴均（469—520），字叔庠，吴兴故鄣（今浙江安吉）人。南朝梁武帝时曾任奉朝请。时人谓其诗“吴均体”。有史书《齐春秋》等。明人张溥辑有《吴朝请集》。

与朱元思书[1]

风烟俱净[2]，天山共色[3]。从流飘荡[4]，任意东西[5]。自富阳至桐庐[6]，一百许里[7]，奇山异水，天下独绝[8]。

水皆缥碧[9]，千丈见底。游鱼细石，直视无碍。急湍甚箭[10]，猛浪若奔[11]。

夹嶂高山，皆生寒树[12]，负势竞上[13]，互相轩邈[14]，争高直指，千百成峰。泉水激石[15]，泠泠作响[16]。好鸟相鸣[17]，嘤嘤成韵[18]。蝉则千转不穷[19]，猿则百叫无绝。鸢飞戾天者[20]，望峰息心；经纶世务者[21]，窥谷忘反。横柯上蔽[22]，在昼犹昏；疏条交映[23]，有时见日。

（《汉魏六朝百三家集·吴朝请集》，信述堂重刊本）

注释

[1] 书：古代的一种文体。

[2] 风烟：指烟雾。净：此处指消散。

[3] 共：同。

[4] 从：顺着。

[5] 任意：随意，不受拘束。

[6] 富阳、桐庐：均在今浙江省。

[7] 许：表约数。

[8] 独绝：独一无二。

[9] 缥碧：青白色。

[10] 湍：急流的水。甚：超过。

[11] 奔：动词做名词，此处指水流之快如飞奔的骏马。

[12] 寒树：冷清凋残的树木。

[13] 负：凭借。竞：争相。

[14] 互相轩邈：指争相向高处和远处伸展。轩，高。邈，远。

[15] 激：撞击，拍打。

[16] 泠泠（línglíng）：声音清越。

[17] 好：美丽的。

[18] 嘤嘤：鸟和鸣声。韵：声音和谐。

[19] 转：通“啭”，此处指蝉的鸣叫声。

[20] 鸢（yuān）：鹞鹰。戾（lì）：到达。

[21] 经纶：治理国家，从事政务。

[22] 柯：树枝。蔽：遮挡。

[23] 交映：互相遮掩。

简析

本文描绘了作者乘船自富阳至桐庐途中所见的山水风光，创造出一种清新自然的意境，使人读后悠然神往，若身临其境，同时也含蓄地传达出热爱自然、向往退隐的高洁之趣。

庚信

庚信（513—581），字子山，小字兰成。南阳郡新野县（今河南新野）人。“徐庚体”代表人物之一。南朝梁元帝时为右卫将军，加散骑常侍，出使西魏羁留，仕西魏、北周。有《庚信集》。

哀江南赋序（节选）

日暮途远，人间何世！将军一去，大树飘零[1]。壮士不还，寒风萧瑟。荆壁睨柱，受连城而见欺[2]；载书横阶，捧珠盘而不定[3]。钟仪君子，入就南冠之囚[4]；季孙行人，留守西河之馆[5]。申包胥之顿地，碎之以首[6]；蔡威公之泪尽，加之以血[7]。钓台移柳，非玉关之可望[8]；华亭鹤唳，岂河桥之可闻[9]！

孙策以天下为三分，众才一旅[10]；项籍用江东之子弟，人惟八千。遂乃分裂山河，宰割天下。岂有百万义师[11]，一朝卷甲[12]，芟夷斩伐[13]，如草木焉？江、淮无涯岸之阻，亭壁无藩篱之固。头会箕敛者，合从缔交；锄耰棘矜者，因利乘便[14]。将非江表王气，终于三百年乎！是知并吞六合[15]，不免轵道之灾[16]；混一车书[17]，无救平阳之祸[18]。呜呼！山岳崩颓，既履危亡之运；春秋迭代，必有去故之悲。天意人事，可以悽怆伤心者矣！况复舟楫路穷，星汉非乘槎可上[19]；风飙道阻，蓬莱无可到之期。穷者欲达其言，劳者须歌其事。陆士衡闻而抚掌，是所甘心[20]；张平子见而陋之，固其宜矣[21]。

（《庾子山集注》，中华书局 1980 年）

注释

[1]“将军”二句：《后汉书·冯异传》记载，冯异为人谦让，每当军中诸将争论功劳时，常独自避于大树之下，军中称之为“大树将军”。此处以冯异自喻，“大树”喻梁朝，意指自己出使离开之后，梁朝随即沦亡。

[2]“荆璧”二句：是说自己出使西魏被欺。荆璧，即和氏璧，因楚人和氏得之楚山而名。荆，楚。睨，斜视。连城，相连之城。

[3]“载书”二句：是说出使西魏未能缔约，梁朝反遭攻打。载书，盟书。珠盘，用珠玉装饰的器皿，诸侯结盟割牛耳取其血歃血而盟，珠盘以盛牛耳。

[4]“钟仪”二句：春秋时期楚国人钟仪被囚禁于晋国，因其不忘故国，晋人认为钟仪是君子。此处作者以钟仪自比，自己羁留北方，有如钟仪被囚。

[5]“季孙”二句：自比季孙，言出使西魏而被留。季孙，春秋时鲁国大夫。行人，掌朝见聘问的官员。西河，今陕西省东部。季孙跟随国君参加平丘之盟时，被邾、莒二国拘禁。

[6]“申包胥”二句：是说自己为救梁竭尽心力。申包胥，春秋时楚国大夫。春秋时期吴伐楚，申包胥到秦国求救兵，日夜哭泣七日不进食，秦国才派救兵。顿地，叩头至地。

[7]“蔡威公”二句：春秋时期蔡威公知道国之将亡，闭门而泣，三日三夜，泣尽而继之以血。此处是说自己对梁朝灭亡深感悲痛。

[8]“钓台”二句：是说滞留北地的人再也见不到南方故土的柳树了。钓台，在武昌，此处代指南方故土。晋陶侃为武昌太守时，曾下令种植柳树。玉关，玉门关，在今甘肃敦煌西，此处代指北方。

[9]“华亭”二句：是说深处北地，再也听不到故乡的鸟鸣声。华亭，在今上海松江区，晋人陆机故居所在。河桥，在今河南孟州，陆机在此兵败被诛。《世说新语·尤悔》载其临刑叹曰：“欲闻华亭鹤唳，可复得乎！”

[10]“孙策”二句：是说孙策凭借几百人开创了吴国的基业。旅，古代以五百人为一旅。

[11] 百万义师：指平定侯景之乱的梁朝大军。

[12] 卷甲：卷敛衣甲而逃。

[13] 芟（shān）夷：消灭，除掉。

[14]“头会（kuài）”四句：指出身下层的人物陈霸先等相互联合，乘梁朝衰乱，取而代之。头会箕敛，以人头数计算（需要交纳的粮食），以簸箕来收取。会，计算。敛，敛收。耰，碎土的农具。棘矜，此处指低劣的兵器。贾谊《过秦论》：“锄耰棘矜，不敌于钩戟长铩也。”

[15] 六合：指天地四方。

[16] 轵（zhǐ）道之灾：史载汉高祖入关，秦王子婴降于轵道旁。轵道，在今陕西咸阳西北。

[17] 混一车书：指统一天下。《礼记·中庸》：“今天下车同轨，书同文。”

[18] 平阳之祸：晋怀帝被匈奴杀害于平阳。其子晋愍帝又被匈奴杀害于平阳。平阳，今山西临汾。

[19] 星汉：银河。槎（chá）：竹筏木排。

[20]“陆士衡”二句：是说自己这篇赋文即使遭人嘲笑也心甘情愿。陆士衡，陆机，字士衡。抚掌，拍手。《晋书·左思传》：初，陆机入洛，欲为此赋。闻思作之，抚掌而笑，与弟云书曰：“此间有伧父作《三都赋》。须其成，当以覆酒瓮耳。”及思赋出，机绝叹伏，以为不能加也，遂辍笔焉。

[21]“张平子”二句：作者自谦之词，赋文被人讥笑轻视也心甘情愿。张平子，张衡，字平子。陋，轻视。据说张衡读了班固的《两都赋》甚为鄙视，另作《二京赋》。

简析

庾信奉梁元帝之命出使西魏期间，梁被西魏所灭，从此流落北方，饱尝分裂时代特有的人生辛酸。作者将家世与国史联系起来，将个人遭遇与民族灾难融汇在一起，写下了具有史诗气魄的经典骈体辞赋《哀江南赋》。该赋的序文概述全赋主题，交代了“穷者欲达其言，劳者须歌其事”的创作目的，用典故暗指时世，倾诉衷肠。

郦道元

郦道元（约470—527），字善长，范阳涿州（今河北涿州）人。撰《水经注》四十卷。

三峡

自三峡七百里中，两岸连山，略无阙处[1]，重岩叠嶂，隐天蔽日，自非停午夜分，不见曦月[2]。至于夏水襄陵[3]，沿溯阻绝[4]，或王命急宣[5]，有时朝发白帝，暮到江陵，其间千二百里，虽乘奔御风，不以疾也[6]。春冬之时，则素湍绿潭，回清倒影[7]，绝巘多生怪柏[8]，悬泉瀑布，飞漱其间[9]，清荣峻茂[10]，良多趣味[11]。每至晴初霜旦[12]，林寒涧肃[13]，常有高猿长啸，属引凄异[14]，空谷传响[15]，哀转久绝。故渔者歌曰："巴东三峡巫峡长，猿鸣三声泪沾裳。"

（《水经注》，上海古籍出版社1990年）

注释

[1] 略无：毫无，一点儿也没有。阙：通"缺"，缺口，空隙。

[2]"自非"二句：古代汉语并起分承的修辞手法，语义上应理解为"自非停午不见曦（xī），自非夜分不见月"，极言两岸山势险峻陡峭。自非，若非，如果不是。停午，一作"亭午"，正午。夜分，半夜。曦，日光，此处指太阳。

[3] 夏水：夏天的江水。襄（xiāng）：上，此处指漫上。

[4] 沿：顺流而下。泝：通“溯”，逆流而上。

[5] 或：有时。王命：皇帝的命令。宣：传达。

[6] “虽乘奔”二句：和行船比起来，即使是乘奔御风也不被认为是（比船）快的。虽，即使。奔，指奔驰的马。御风，驾着风。不以，不认为。

[7] “则素湍”二句：古代汉语并起分承的修辞手法，语义上应该是“素湍回清，绿潭倒影”。素湍，白色的急流。绿潭，碧绿的潭水。回清，回旋着清波。

[8] 绝巘（yǎn）：极高的山峰。绝，极。巘，最高峰。

[9] 漱：冲荡。

[10] 清荣峻茂：水清，树荣，山峻，草盛。

[11] 良：很。

[12] 霜旦：下霜的早晨。

[13] 肃：肃杀。

[14] 属（zhǔ）引：连续不断。属，连接。引，延长。

[15] 响：回音。

简析

这是一幅绝妙的山水画卷，作者用不到二百字的篇幅，描写了三峡山水的四时之美和游历感受。全文布局自然，思路清晰，语言简洁凝练，生动传神。

南朝乐府

南朝乐府主要是东晋、宋、齐时代的民歌。这些民歌经南朝的乐府机关搜集整理、配乐传习，得以保留。宋代郭茂倩所编《乐府诗集》将其中绝大多数归入“清商曲辞”，此外还有“杂曲歌辞”和“杂歌谣辞”。

西洲曲

忆梅下西洲[1]，折梅寄江北[2]。单衫杏子红，双鬓鸦雏色[3]。西洲在何处？两桨桥头渡。日暮伯劳飞，风吹乌臼树[4]。树下即门前，门中露翠钿[5]。开门郎不至，出门采红莲。采莲南塘秋，莲花过人头。低头弄莲子[6]，莲子青如水。置莲怀袖中，莲心彻底红[7]。忆郎郎不至，仰首望飞鸿[8]。鸿飞满西洲，望郎上青楼[9]。楼高望不见，尽日栏杆头。栏杆十二曲，垂手明如玉。卷帘天自高，海水摇空绿[10]。海水梦悠悠，君愁我亦愁。南风知我意，吹梦到西洲。

（《乐府诗选》，中华书局 2012 年）

注释

[1] 下：落下。西洲：诗中以一女子口吻回忆往事，西洲应为女子所居之地。

[2] 江北：女子回忆中思念的男子，江北指男子所在的地方。

[3] 鸦雏色：像小乌鸦羽毛一样的颜色，此处形容女子的头发。

[4] 伯劳：鸟名，仲夏开始啼鸣，喜单栖。乌臼（jiù）：树名，夏季开花，现在写作“乌桕”。这二句一方面点明季节，一方面暗喻女子孤单的处境。

[5] 翠钿（diàn）：用翠玉做成或镶嵌的首饰。

[6] 莲子：和“怜子”谐音双关。

[7] 莲心：与“怜心”谐音。彻底红：比喻爱心之深切。

[8] 飞鸿：此处暗指书信。

[9] 青楼：唐以前的诗中一般用来指女子的住处。

[10] 海水：指浩荡的江水。摇空绿：空自荡漾着碧波的江水。

简析

这首诗写一个少女对爱恋之人的思和忆，“西洲”是留下两人共同记忆的地方。情郎人在江北，少女身在南塘。从早春到初夏，从现实到梦境，少女对心上人苦苦思念。细致入微的动作描写让少女的痴情、热望、急切、羞赧、失落等心理活动跃然纸上。叠用、顶针、双关等修辞手段的运用使得诗歌流动缠绵、含蓄多情。

北朝乐府

北方民族的歌词经过翻译先后传入南朝齐、梁，并由梁朝乐府机关保存下来形成北朝乐府。郭茂倩《乐府诗集》收入“梁鼓角横吹曲”，此外还见于“杂歌谣辞”“杂曲歌辞”。

木兰诗

唧唧复唧唧[1]，木兰当户织[2]。不闻机杼声[3]，唯闻女叹息。问女何所思，问女何所忆。“女亦无所思，女亦无所忆。昨夜见军帖[4]，可汗大点兵[5]，军书十二卷，卷卷有爷名[6]。阿爷无大儿，木兰无长兄，愿为市鞍马[7]，从此替爷征。”

东市买骏马，西市买鞍鞯[8]，南市买辔头[9]，北市买长鞭。旦辞爷娘去[10]，暮宿黄河边。不闻爷娘唤女声，但闻黄河流水鸣溅溅[11]。旦辞黄河去，暮至黑山头[12]。不闻爷娘唤女声，但闻燕山胡骑鸣啾啾[13]。

万里赴戎机[14]，关山度若飞。朔气传金柝[15]，寒光照铁衣。将军百战死，壮士十年归。

归来见天子，天子坐明堂[16]。策勋十二转[17]，赏赐百千强[18]。可汗问所欲，“木兰不用尚书郎，愿驰千里足[19]，送儿还故乡。”

爷娘闻女来，出郭相扶将[20]。阿姊闻妹来[21]，当户理红妆。小弟闻姊来，磨刀霍霍向猪羊[22]。开我东阁门，坐我西间床，脱我战时袍，着我旧时裳[23]。当窗理云鬓[24]，对镜帖花黄[25]。出门看火伴[26]，火伴皆惊忙。“同行十二年，不知木兰是女郎。”

雄兔脚扑朔[27]，雌兔眼迷离[28]。双兔傍地走[29]，安能辨我是雄雌。

（《乐府诗选》，中华书局 2012 年）

注释

[1] 唧唧：叹息声。

[2] 当：面对。户：门。

[3] 杼（zhù）：织布机上的梭子。

[4] 军帖：军中的文书。

[5] 可汗（kèhán）：古代西北地区民族对君主的称呼。点兵：征兵。

[6] 爷：父亲，与下文“阿爷”同。

[7] 为：为此，指代父从军。市：购买。

[8] 鞯（jiān）：马鞍下的垫子。

[9] 辔（pèi）头：马笼头。

[10] 旦：天亮，清晨。一作“朝”。辞：告别。

[11] 溅溅：水疾流的声音。

[12] 黑山：即杀虎山，在今内蒙古呼和浩特东南。

[13] 燕山：指燕然山，即今蒙古国境内的杭爱山。一说，在今内蒙古巴彦淖尔境。胡骑：胡人的战马。胡，古代对北方少数民族的称呼。啾啾：此处指马鸣声。

[14] 戎机：军机，指战争。

[15] 朔气：北方的寒气。朔，北方。金柝（tuò）：即刁斗，形似锅，军中夜间巡更，白

天煮饭的两用铜器。

[16] 明堂：朝会、祭祀、选士等的场所。

[17] 策勋：在策书上记功劳。转：勋位每升一级叫一转，十二转形容功劳极高。

[18] 百千：形容数量多。强：多，余。

[19] 千里足：指能行千里之物。

[20] 郭：外城。扶将：扶持。

[21] 姊（zǐ）：姐姐。

[22] 霍霍：磨刀的声音。

[23] 着（zhuó）：穿。

[24] 云鬓：形容女子浓黑柔软的鬓发。

[25] 帖花黄：一种在额间点以黄色的妇女面饰。帖，同“贴”。

[26] 火伴：即伙伴。

[27] 扑朔：雄兔脚毛蓬松的样子。一说，跳跃的样子。

[28] 迷离：模糊不清。

[29] 傍：并，靠近。

简析

本诗塑造了一位女扮男装替父从军的巾帼英雄形象，她集勤劳、善良、勇敢、机智、刚毅、淳朴等优秀品质于一身，忠孝两全，深明大义，是理想的化身。整首诗既富有传奇色彩，又充满浓郁的生活气息，真切动人。

王勃

王勃（649 或 650—676），字子安，绛州龙门（今山西河津）人，与杨炯、卢照邻、骆宾王并称“初唐四杰”。有《王子安集》。

滕王阁诗序（节选）

时维九月，序属三秋。潦水尽而寒潭清[1]，烟光凝而暮山紫。俨骖騑于上路[2]，访风景于崇阿[3]；临帝子之长洲[4]，得仙人之旧馆[5]。层峦耸翠[6]，上出重霄[7]；飞阁流丹[8]，下临无地[9]。鹤汀凫渚[10]，穷岛屿之萦回[11]；桂殿兰宫，即冈峦之体势[12]。

披绣闼[13]，俯雕甍[14]，山原旷其盈视[15]，川泽盱其骇瞩[16]。闾阎扑地[17]，钟鸣鼎食之家[18]；舸舰弥津[19]，青雀黄龙之轴[20]。虹销雨霁[21]，彩彻区明。落霞与孤鹜齐飞[22]，秋水共长天一色。渔舟唱晚，响穷彭蠡之滨[23]；雁阵惊寒[24]，声断衡阳之浦[25]。

遥襟俯畅，逸兴遄飞[26]。爽籁发而清风生[27]，纤歌凝而白云遏[28]。睢园绿竹[29]，气凌彭泽之樽[30]；邺水朱华[31]，光照临川之笔[32]。四美具[33]，二难并[34]。穷睇眄于中天[35]，极娱游于暇日。天高地迥[36]，觉宇宙之无穷；

兴尽悲来，识盈虚之有数[37]。望长安于日下[38]，指吴会于云间。地势极而南溟深[39]，天柱高而北辰远[40]。关山难越[41]，谁悲失路之人[42]？萍水相逢[43]，尽是他乡之客。怀帝阍而不见[44]，奉宣室以何年[45]？

（《王子安集》，上海书店 1989 年）

注释

[1] 潦（lǎo）水：雨后地面的积水。

[2] 俨：通“严”，整饬。骖騑（cān fēi）：驾在辕马两侧的马。

[3] 崇阿：高山。

[4] 帝子：指唐高祖李渊之子滕王李元婴。长洲：水中的长形陆地。

[5] 仙人：同“帝子”。旧馆：指滕王阁。

[6] 层峦：重叠的山岭。

[7] 重霄：天空高处。

[8] 飞阁：高阁。流丹：形容红色高阁犹如飞翔在天。

[9] 临：从高处往下看。

[10] 汀（tīng）：水边平地。凫（fú）：野鸭。渚：水中的小块陆地。

[11] 萦：回旋缠绕。

[12] 即：依附。

[13] 披：开。绣闼（tà）：装饰华美的阁门。

[14] 俯：向下看。雕：雕刻，雕镂。甍（méng）：屋脊。

[15] 旷：空旷，辽阔。盈：满。

[16] 骇：惊诧。瞩：看见。

[17] 闾阎（lǘyán）：里巷内外的门。扑地：遍地。

[18] 钟鸣鼎食：击钟列鼎而食，形容生活富贵豪华。

[19] 舸（gě）舰：大船。弥：满，遍布。津：渡口。

[20] 轴：船尾施舵处。

[21] 销：消散。霁（jì）：雨过天晴。

[22] 鹜（wù）：野鸭。

[23] 彭蠡（lǐ）：今江西鄱阳湖。滨：水边。

[24] 雁阵：成列飞行的雁群。

[25] 衡阳：今属湖南省，有回雁峰，传说雁飞至此峰而止。浦：水边，河岸。

[26] 兴：兴致。遄（chuán）：迅速。

[27] 爽籁：参差不齐的箫管声。

[28] 纤歌：轻细的歌声。凝：停止。遏：停滞不前。

[29] 睢（suī）园：西汉梁孝王的园林，在今河南商丘睢阳。

[30] 凌：超越。彭泽：指曾为彭泽县令的南朝晋宋间诗人陶渊明。樽：酒杯，此处指饮酒的兴致。

[31] 邺：地名，三国时曹魏国都邺城，在今河北临漳。朱华：荷花。

[32] 临川：指曾为临川（今属江西省）内史的谢灵运。

[33] 四美：指良辰、美景、赏心、乐事。具：具备。

[34] 二难：指贤主、佳宾。并：齐全。

[35] 穷：极，尽。睇（dì）盼：一作“睇眄”，斜视。中天：高空中。

[36] 迥（jiǒng）：辽远。

[37] 盈虚：此处指穷达、得失、兴衰等。数：规律。

[38] 日下：京都，古代以帝王比日，故皇帝所在地为“日下”。

[39] 溟：海。

[40] 天柱：指昆仑山。北辰：北极星，比喻朝廷。

[41] 关山：关隘山岭，比喻难关，此处指仕途。

[42] 失路：迷路，比喻不得志。

[43] 萍水相逢：如浮萍随水漂泊，聚散不定，比喻人的偶然相遇。

[44] 阍（hūn）：宫门。

[45] 宣室：汉代未央宫中的宣室殿，汉文帝曾在此召见被贬多年的贾谊。

简析

本文为《滕王阁诗序》节选。在这篇文章中，作者描写宴会之盛况、滕王阁之奇伟、周围山川秋景之开阔壮丽，进而抒发人生际遇之感慨，层次井然，脉络清晰。

写作手法上情景交融，浑然天成；且辞采华美，用典贴切，工稳匀称，铿锵有力。

刘希夷

刘希夷（651—约679），一名庭芝，汝州（今河南临汝）人。《全唐诗》录其存诗一卷。

代悲白头翁 [1]

洛阳城东桃李花，飞来飞去落谁家。洛阳女儿惜颜色 [2]，坐见落花长叹息 [3]。今年花落颜色改，明年花开复谁在。已见松柏摧为薪 [4]，更闻桑田变成海 [5]。古人无复洛城东，今人还对落花风。年年岁岁花相似，岁岁年年人不同。寄言全盛红颜子 [6]，应怜半死白头翁。此翁白头真可怜，伊昔红颜美少年 [7]。公子王孙芳树下，清歌妙舞落花前。光禄池台开锦绣 [8]，将军楼阁画神仙。一朝卧病无相识，三春行乐在谁边 [9]。宛转蛾眉能几时 [10]，须臾鹤发乱如丝 [11]。但看古来歌舞地，惟有黄昏鸟雀悲。

[《全唐诗》(增订本)，中华书局 1999 年]

注释

[1] 代悲白头翁：诗题一作《白头吟》。

[2] 颜色：面容，容貌。

[3] 坐：因为，由于。

[4] 摧：毁坏。薪：柴火。

[5]“更闻”句：比喻物是人非，世事变化大。

[6] 寄言：带信，转告。全盛：最兴盛时。红颜子：年轻美貌的女子。

[7] 伊昔：从前。

[8] 锦绣：指辞藻华丽的诗文。

[9] 三春：春季三个月。

[10] 宛转蛾眉：指代青春年华。宛转，形容女子身姿曼妙。蛾眉，指女子美丽的容貌。

[11] 须臾：短时间。鹤发：白发。

简析

这首诗由桃李花落而引出妙龄女子与白头老翁，暗示彼此之身份、命运可以相推互鉴，由此慨叹人生短暂世事无常，抒情婉转，语言谐畅。

张若虚

张若虚（670？—730？），扬州（今江苏扬州）人。“吴中四士”之一。《全唐诗》存诗二首。

春江花月夜

春江潮水连海平，海上明月共潮生。滟滟随波千万里[1]，何处春江无月明。江流宛转绕芳甸[2]，月照花林皆似霰[3]。空里流霜不觉飞[4]，汀上白沙看不见[5]。江天一色无纤尘[6]，皎皎空中孤月轮[7]。江畔何人初见月，江月何年初照人。人生代代无穷已[8]，江月年年只相似。不知江月待何人，但见长江送流水。白云一片去悠悠[9]，青枫浦上不胜愁[10]。谁家今夜扁舟子[11]，何处相思明月楼[12]。可怜楼上月裴回[13]，应照离人妆镜台。玉户帘中卷不去[14]，捣衣砧上拂还来[15]。此时相望不相闻[16]，愿逐月华流照君[17]。鸿雁长飞光不度，鱼龙潜跃水成文[18]。昨夜闲潭梦落花[19]，可怜春半不还家。江水流春去欲尽，江潭落月复西斜。斜月沉沉藏海雾，碣石潇湘无限路[20]。不知乘月几人归[21]，落月摇情满江树。

[《全唐诗》(增订本)，中华书局 1999 年]

注释

[1] 滟（yàn）滟：波光荡漾。

[2] 宛转：蜿蜒曲折。芳甸：芳草丰茂的郊野。

[3] 霰（xiàn）：雪珠，此处形容月光下的花朵晶莹洁白。

[4] 流霜：飞霜，此处形容月光皎洁。

[5] 汀：水边平地。

[6] 纤：细小。

[7] 月轮：指月亮。

[8] 穷已：穷尽。

[9] 悠悠：辽阔无际。

[10] 青枫浦：地名，又名双枫浦，在今湖南浏阳境内。浦，水边，河岸。

[11] 扁（piān）舟子：漂泊他乡的游子。

[12] 明月楼：以思妇居所喻闺中思妇。

[13] 裴回：即“徘徊”，此处指月光移动。

[14] 玉户：闺房。

[15] 砧（zhēn）：捶、砸或切东西的时候，垫在底下的器具。

[16] 相闻：通信。

[17] 逐：追随。月华：月光。

[18] 潜跃：跳跃。文：通“纹”。

[19] 闲潭：幽静的水边。落花：比喻青春易逝。

[20] 碣石：河北山名，此处指游子所在地。潇湘：湖南湘江与潇水，此处指思妇所在地。无限路：碣石与潇湘，一南一北，极言思妇与离人相距遥远。

[21] 乘月：趁着月光。

简析

此诗由月共潮生写起，描绘了迷人的月夜美景，由空中孤月想到人世代谢宇宙永恒，进而引出离人思妇共望明月，遥寄相思，最后以斜月西沉、情满江树收束。以月为主体，将其置于春、江、花、夜的背景之中，以完整的诗歌形象，展现出充满人生哲理与生活情趣的绝美画卷，浅浅说去，节节相生。全诗意境空明，声韵谐畅，起承转合，浑然天成，有极高的审美价值。

高适

高适（约700—765），字达夫，郡望渤海蓨（今河北景县）。官终散骑常侍，封渤海县侯，谥忠。世称高常侍，与岑参并称“高岑”。有《高常侍集》。

燕歌行

开元二十六年，客有从元戎出塞而还者[1]，作《燕歌行》以示适。感征戍之事，因而和焉。

汉家烟尘在东北[2]，汉将辞家破残贼。男儿本自重横行[3]，天子非常赐颜色[4]。摐金伐鼓下榆关[5]，旌旆逶迤碣石间[6]。校尉羽书飞瀚海[7]，单于猎火照狼山[8]。山川萧条极边土[9]，胡骑凭陵杂风雨[10]。战士军前半死生[11]，美人帐下犹歌舞。大漠穷秋塞草腓[12]，孤城落日斗兵稀。身当恩遇常轻敌，力尽关山未解围。铁衣远戍辛勤久[13]，玉箸应啼别离后[14]。少妇城南欲断肠，征人蓟北空回首。边庭飘飖那可度[15]，绝域苍茫无所有[16]。杀气三时作阵云[17]，寒声一夜传刁斗[18]。相看白刃雪纷纷[19]，死节从来岂顾勋[20]。君不见沙场征战苦[21]，至今犹忆李将军[22]。

（《高常侍集》，上海书店1989年）

注释

[1] 从：随从。

[2] 汉家：唐人诗文中多借汉指唐，下“汉将”同。烟尘：烽烟和尘土，此处指战争。东北：今辽宁和内蒙古南部，唐时为奚、契丹族聚居地区。

[3] 横行：纵横驰骋。

[4] 非常：不同寻常。赐颜色：赏脸。

[5] 摐（chuāng）：撞击。金：指铜制金属乐器。伐：敲击。榆关：即山海关，唐时为东北军事要地。

[6] 旌旆（jīngpèi）：旗帜。逶迤（wēiyí）：蜿蜒曲折。碣石：山名，在今河北昌黎北。

[7] 校尉：地位仅次于将军的武官官职。羽书：插有羽毛的紧急军书。瀚海：沙漠。

[8] 单于（chányú）：汉时匈奴君长的称号，后泛指北方少数民族首领。猎火：古代游牧民族出兵打仗的战火，此处比喻作战。狼山：即狼居胥山，在今内蒙古五原西北。

[9] 极：尽头。

[10] 凭：倚仗，凭借。陵：侵犯。杂风雨：形容敌军如狂风骤雨般发动攻势。一说，敌军趁风雨交加时进攻。

[11] 半死生：半生半死，意谓伤亡惨重。

[12] 穷秋：深秋。腓（féi）：草木枯萎，一作“衰”。

[13] 铁衣：以铁片制成的战衣，此处喻指战士。

[14] 玉箸：玉制的筷子，形容思妇眼泪如注。

[15] 飘飖（yáo）：动荡不安。

[16] 绝域：偏远之地。

[17] 三时：指一天的早、午、晚。一说，春夏秋农作之时。阵云：犹战云。

[18] 刁斗：军中夜间巡更、白日煮饭的两用铜器。

[19] 雪纷纷：一作“血纷纷”。

[20] 死节：为志节而死。岂顾勋：怎会顾及个人功名。

[21] 沙场：战场。

[22] 李将军：指汉代飞将军李广。

简析

这是千古传诵的唐代边塞诗杰作，也是高适的代表作。作者以非常浓缩的笔墨，写了出师、战败、被围、死斗的战役全过程。对骄傲轻敌、不恤下属的将领进行了无情的讽刺和批判，对视死如归、英勇杀敌的士兵则寄予深切的同情与由衷的赞颂，意境雄浑而深远。

李白

李白（701—762），字太白，号青莲居士，原籍陇西成纪（今甘肃静宁西南）。唐玄宗时供奉翰林，世称李翰林。与杜甫并称“李杜”。有《李太白全集》。

蜀道难

噫吁嚱[1]，危乎高哉[2]！蜀道之难，难于上青天！蚕丛及鱼凫[3]，开国何茫然[4]！尔来四万八千岁[5]，不与秦塞通人烟[6]。西当太白有鸟道[7]，可以横绝峨眉巅[8]。地崩山摧壮士死[9]，然后天梯石栈相钩连[10]。上有六龙回日之高标[11]，下有冲波逆折之回川[12]。黄鹤之飞尚不得过[13]，猿猱欲度愁攀援。青泥何盘盘[14]，百步九折萦岩峦[15]。扪参历井仰胁息[16]，以手抚膺坐长叹[17]。问君西游何时还？畏途巉岩不可攀[18]。但见悲鸟号古木[19]，雄飞雌从绕林间[20]。又闻子规啼夜月[21]，愁空山。蜀道之难，难于上青天，使人听此凋朱颜[22]！连峰去天不盈尺[23]，枯松倒挂倚绝壁。飞湍瀑流争喧豗[24]，砯崖转石万壑雷[25]。其险也若此，嗟尔远道之人胡为乎来哉[26]！

剑阁峥嵘而崔嵬[27]，一夫当关，万夫莫开。所守或匪亲[28]，化为狼与豺。朝避猛虎，夕避长蛇，磨牙吮血，杀人如麻。锦城虽云乐[29]，不如早还家。蜀道之难，难于上青天，侧身西望长咨嗟[30]！

（《李太白全集》，中华书局 2015 年）

注释

[1] 噫吁嚱（yī xū xī）：古蜀方言，惊叹声。

[2] 危：高。

[3] 蚕丛、鱼凫：传说中古蜀国两位国君的名字。

[4] 茫然：渺远的样子。

[5] 尔来：从那时以来。四万八千岁：非实指，形容时间久远，夸张的手法。

[6] 秦塞：秦的关塞，指秦地。

[7] 当：对着，向着。太白：太白山，又名太乙山，在今陕西眉县南。鸟道：指连绵高山间的低缺处，只有鸟能飞过的通道。

[8] 横绝：横越。

[9] 摧：倒塌。

[10] 天梯：险峻的山路。石栈：在石壁上架木筑成的栈道。钩连：衔接。

[11] "上有"句：极言仰视时山之高，连六龙为太阳所驾的车子至此也要折回。高标，可做标识的最高峰。

[12] "下有"句：极言俯视时山谷之深和水流之急。回川，回旋的河流。

[13] 黄鹤：即黄鹄（hú），善于高飞的大鸟。尚：尚且。得：能。

[14] 青泥：青泥岭，在今陕西略阳北。盘盘：曲折盘旋的样子。

[15] 百步九折：形容山路极为曲折。萦：盘绕。岩峦：山峰。

[16] 扪（mén）：用手摸。历：经过。参（shēn）、井：两个星宿的名字，古人把天上的星宿分别指配于地上的州国，叫作"分野"，参星分野在蜀，井星分野在秦。胁息：屏气不敢呼吸。

[17] 膺：胸。坐：徒，空。

[18] 畏途：可怕的路途。巉（chán）岩：险峻的山崖。

[19] 但：只。号（háo）：悲鸣。

[20] 从：跟随。

[21] 子规：即杜鹃鸟，蜀地最多，啼声悲切，传说为蜀王杜宇（望帝）之魂所化。

[22] 凋朱颜：红颜失色，比喻衰老。朱颜，红颜，指年轻人的容颜。

[23] 去：距离。盈：满。

[24] 飞湍（tuān）：飞奔而下的急流。喧豗（huī）：喧闹声，此处指急流和瀑布发出的巨大响声。

[25] 砯（pīng）：水击石声，此处用作动词，冲击的意思。转（zhuàn）石：卷动山石。壑（hè）：山谷。

[26] 尔：你。胡为：为什么。

[27] 剑阁：又名剑门关，在四川剑阁北，是大、小剑山之间的一条栈道，长约三十里，为三国时诸葛亮率众所开。峥嵘（zhēngróng）、崔嵬（wéi）：山势高峻的样子。

[28] 所守：指把守关口的人。或匪亲：倘若不是可信赖的人。匪，同“非”。

[29] 锦城：今四川成都，故称锦城或锦官城。

[30] 侧身：转身，回头。咨嗟：叹息。

简析

本诗是李白第一次入京时为送友人入蜀而作。诗人展开大胆的艺术想象，用奇崛凌厉的笔墨描绘了蜀道的高峻、险怪、强悍与艰难，歌颂了山河的奇伟壮丽。笔意纵横，豪放洒脱，回环往复，一唱三叹，充分体现出李白诗歌的个性与风格，令人读之心潮激荡。

梦游天姥吟留别[1]

海客谈瀛洲[2]，烟涛微茫信难求[3]。越人语天姥[4]，云霞明灭或可睹。天姥连天向天横[5]，势拔五岳掩赤城[6]。天台四万八千丈[7]，对此欲倒东南倾[8]。

我欲因之梦吴越[9]，一夜飞度镜湖月[10]。湖月照我影，送我至剡溪[11]。谢公宿处今尚在[12]，渌水荡漾清猿啼[13]。脚著谢公屐[14]，身登青云梯[15]。半壁见海日[16]，空中闻天鸡[17]。千岩万转路不定，迷花倚石忽已暝[18]。熊咆龙吟殷岩泉，慄深林兮惊层巅[19]。云青青兮欲雨[20]，水澹澹兮生烟[21]。列缺霹雳[22]，丘峦崩摧，洞天石扇[23]，訇然中开[24]。青冥浩荡不见底[25]，日月照耀金银台[26]。霓为衣兮风为马，云之君兮纷纷而来下[27]。虎鼓瑟兮鸾回车[28]，仙之人兮列如麻。忽魂悸以魄动，怳惊起而长嗟[29]。惟觉时之枕席，失向来之烟霞[30]。

世间行乐亦如此，古来万事东流水。别君去兮何时还？且放白鹿青崖间，须行即骑访名山。安能摧眉折腰事权贵[31]，使我不得开心颜！

（《李太白全集》，中华书局 2015 年）

注释

[1] 天姥（mǔ）：天姥山，在今浙江新昌。

[2] 海客：经常往来海上之人。瀛（yíng）洲：传说中的海上仙山。

[3] 微茫：模糊不清。信：实在。求：寻访。

[4] 越人：指浙江绍兴一带的人。

[5] 横：遮断。

[6]拔：超出。五岳：东岳泰山，西岳华山，中岳嵩山，北岳恒山，南岳衡山。掩：遮蔽。赤城：山名，在今浙江天台北。

[7] 天台（tāi）：山名，在今浙江天台北。四万八千丈：极言天台山之高，是一种夸张的说法，非实指。

[8]“对此”句：对着这座天姥山，天台山就好像要拜倒在它的东面一样。

[9] 因：依据。之：指前段越人的话。吴越：偏义复词，此处偏指越。

[10] 镜湖：即鉴湖，在今绍兴会稽山麓。

[11] 剡（shàn）溪：水名，在今浙江绍兴嵊州市南。

[12] 谢公：指南朝诗人谢灵运，他曾游历天姥山，在剡溪居住。

[13] 渌（lù）：清澈。

[14] 谢公屐：谢灵运登山所穿的一种特制木鞋，鞋底下安着活动的锯齿，上山时抽去前齿，下山时抽去后齿。

[15] 青云梯：指直上云霄的山路。

[16] 半壁：半山腰。

[17] 天鸡：古代传说，东南方桃都山上有一棵大树，树上栖息着天鸡，每当太阳升起，照到这棵树上，天鸡就叫起来，天下的鸡也都跟着它鸣叫。

[18]“迷花”句：迷恋着花草，倚靠着山石，天色忽然暗下来。

[19]“熊咆”二句：写山间泉水发出巨响，好像熊在咆哮龙在长吟，使深林战栗，使山巅震惊。殷，震响。

[20] 青青：黑沉沉的样子。

[21] 澹澹：水流动的样子。

[22] 列缺：闪电。列，通“裂”。缺，指云隙。霹雳：雷声。

[23] 石扇：一作“石扉（fēi）”，石门。

[24] 訇（hōng）然：形容声音很大。

[25] 青冥：青天。

[26] 金银台：指神仙居住的地方。

[27] 云之君：云神。

[28] 鼓：弹奏。鸾（luán）：传说中凤凰一类的鸟。回车：驾车。

[29] 恍（huǎng）：同“恍”，恍然，猛然。

[30] 向来：刚才。烟霞：指梦境。

[31] 摧眉折腰：低眉弯腰。

简析

本诗以记梦为由，运用丰富奇特的想象和夸张大胆的手法，描绘了一幅似真似幻、壮丽辉煌的图景，抒写了作者向往光明、热爱自由、蔑视权贵、不卑不屈的精神境界。

宣州谢朓楼饯别校书叔云

弃我去者，昨日之日不可留；乱我心者，今日之日多烦忧。长风万里送秋雁，对此可以酣高楼[1]。蓬莱文章建安骨[2]，中间小谢又清发[3]。俱怀逸兴壮思飞[4]，欲上青天览明月[5]。抽刀断水水更流，举杯消愁愁更愁。人生在世不称意，明朝散发弄扁舟[6]。

（《李太白全集》，中华书局 2015 年）

注释

[1] 酣（hān）：畅饮。

[2]蓬莱文章：借指汉代文章。建安骨：建安风骨，指建安时期以曹操父子和“建安七子”的诗文创作风格为代表的文学风格。建安，为汉献帝（196—220）的年号。

[3] 小谢：指谢朓（464—499），字玄晖，南朝齐诗人。晚于谢灵运，后人将二者并举，称谢灵运为大谢、谢朓为小谢。清发：指清丽秀发的诗风。

[4] 逸兴（xīng）：飘逸豪放的兴致。壮思：雄心壮志。

[5] 览：通“揽”，摘取。

[6] 明朝（zhāo）：第二天早晨。散发：不束冠，意谓不做官，此处指隐居不仕。弄扁（piān）舟：乘小舟归隐江湖。扁舟，小船。

简析

本诗是李白与李云同登宣州谢朓楼时所做的送别诗。虽是送别，并未直言离别，破空而来的两个长句将时光飞逝与人世蹉跎给诗人带来的无尽烦忧表现得淋漓尽致。接下来笔锋陡然一转，长风万里，秋雁南飞，自然胜景令人将一切烦恼抛诸脑后。面对文章知己，酒酣耳热之际，逸兴遄飞，一番惺惺相惜、风流自赏、豪气干云之后，仍要面对现实，回归现实，而现实中的种种艰难险阻令人无可奈何，即便抽刀断水，举杯消愁，也徒劳无益，唯有潇洒出世，方可得到彻底解脱。全诗感情跌宕起伏，一波三折，充分表达了作者遗世高蹈的豪迈情怀。

月下独酌

花间一壶酒[1]，独酌无相亲。举杯邀明月，对影成三人[2]。月既不解饮[3]，影徒随我身[4]。暂伴月将影[5]，行乐须及春。我歌月徘徊，我舞影零乱。醒时同交欢，醉后各分散。永结无情游，相期邈云汉[6]。

（《李太白全集》，中华书局 2015 年）

注释

[1] 花间：一作“花下”，一作“花前”。

[2] 三人：指自己、影子和月。

[3] 解：能。

[4] 徒：只。

[5] 将：与，和。

[6] 邈：遥远。云汉：天河。

简析

《月下独酌》原诗四首，此为第一首。诗人在月下独酌，突发奇想，将明月与自己的影子当作酒友，且饮且舞且歌，由孤独到不孤独再到孤独，自得其乐中也蕴含着无边的孤寂。整首诗波澜起伏而又自然天成，充分表现了诗人的寂寞孤傲与旷达不羁。

杜甫

杜甫（712—770），字子美，号杜陵布衣、少陵野老，巩县（今河南巩义）人。肃宗时官左拾遗，代宗时官检校工部员外郎，世称杜少陵、杜拾遗、杜工部。与李白并称“李杜”。有《杜工部集》。

茅屋为秋风所破歌

八月秋高风怒号[1]，卷我屋上三重茅[2]。茅飞渡江洒江郊[3]，高者挂罥长林梢[4]，下者飘转沉塘坳[5]。

南村群童欺我老无力，忍能对面为盗贼[6]。公然抱茅入竹去[7]，唇焦口燥呼不得，归来倚杖自叹息。

俄顷风定云墨色[8]，秋天漠漠向昏黑[9]。布衾多年冷似铁[10]，娇儿恶卧踏里裂[11]。床头屋漏无干处，雨脚如麻未断绝[12]。自经丧乱少睡眠[13]，长夜沾湿何由彻[14]？

安得广厦千万间[15]，大庇天下寒士俱欢颜[16]！风雨不动安如山。呜呼！何时眼前突兀见此屋[17]，吾庐独破受冻死亦足[18]！

（《杜诗详注》，中华书局 2015 年）

注释

[1] 怒号（háo）：大声呼号，此处指秋风强劲。

[2] 重：层。

[3] 洒：散落。

[4] 罥（juàn）：缠绕。长：高。梢：树枝的末端。

[5] 塘坳（ào）：低洼地，池塘。

[6] 对面：当面。

[7] 公然：明目张胆，毫无顾忌。

[8] 俄顷：一会儿。

[9] 向：将近，临近。

[10] 衾（qīn）：被子。

[11] 恶卧：睡相不好。

[12] 雨脚：此处指雨点密集。

[13] 丧乱：战乱，此处指安史之乱。

[14] 彻：彻晓，达旦。

[15] 安：怎么，如何。广厦：高大的房屋。广，大。厦，房屋。

[16] 庇：遮蔽，覆盖。寒士：贫苦的读书人。

[17] 突兀：高耸的样子。见：通“现”，出现。

[18] 庐：简陋的小屋。足：值得。

简析

这首七言歌行体古诗是作者旅居成都草堂期间所作，叙述了自己的茅屋被秋风吹破而致使全家遭受漏雨之苦的过程，体现了杜甫忧国忧民的崇高思想境界，也充分展示了他“沉郁顿挫”的诗歌风格。

秋兴（其一）

玉露凋伤枫树林[1]，巫山巫峡气萧森[2]。江间波浪兼天涌[3]，塞上风云接地阴[4]。丛菊两开他日泪[5]，孤舟一系故园心[6]。寒衣处处催刀尺，白帝城高急暮砧。

（《杜诗详注》，中华书局 2015 年）

注释

[1] 玉露：秋天的霜露，露白似玉。凋伤：草木凋零枯萎。

[2] 巫山巫峡：指夔州一带的长江和峡谷。萧森：萧瑟阴森。

[3] 兼天：连天。涌：奔涌，翻腾。

[4] 塞：边关险要之地。

[5] 他日：往昔，从前，此处指过去的艰难岁月。

[6] 孤舟一系：小船系在岸边。故园心：以江边系船暗喻心系长安。

简析

《秋兴八首》是安史之乱期间杜甫滞留夔州时所写的一组七言律诗，因秋而感发诗兴，故得名。八首诗内容蝉联相应，构成一个完整的乐章，酣畅淋漓地书写了时代之痛、羁旅之感、故园之思，历来被公认为律诗经典。清代沈德潜《唐诗别裁集》说："怀乡恋阙，吊古伤今，杜老生平俱见于此。其才气之大，笔才之高，天风海涛，金钟大镛，莫能拟其所到。"本诗是组诗第一首，恰如整个乐章的序曲，通过深秋时节巫山巫峡一带景色的形象描绘，营造出阴沉萧森、动荡不安的环境氛围，秋色秋声扑面而来，让人随作者进入无尽的哀感忧思。

岑参

岑参（约715—770），荆州江陵（今属湖北）人。官终嘉州刺史，世称岑嘉州。与高适并称“高岑”。有《岑嘉州集》。

走马川行奉送出师西征[1]

君不见走马川行雪海边[2]，平沙莽莽黄入天[3]。轮台九月风夜吼[4]，一川碎石大如斗[5]，随风满地石乱走。匈奴草黄马正肥，金山西见烟尘飞[6]，汉家大将西出师[7]。将军金甲夜不脱，半夜军行戈相拨[8]，风头如刀面如割。马毛带雪汗气蒸，五花连钱旋作冰[9]，幕中草檄砚水凝[10]。虏骑闻之应胆慑[11]，料知短兵不敢接[12]，车师西门伫献捷[13]。

（《岑嘉州诗》，上海书店1989年）

注释

[1] 走马川行奉送出师西征：又名走马川行奉送封大夫出师西征。走马川，今新疆境内。行，衍文。

[2] 雪海：唐代西北边境地名，此处指苦寒之地。

[3] 平沙：广阔的沙地。莽莽：渺茫无边。

[4] 轮台：古地名，今新疆轮台，唐朝将领封常清将军驻扎于此。

[5] 一川：满地。

[6] 金山：阿尔泰山，此处指塞外山脉。

[7] 汉家：唐代诗文多以汉代唐。大将：指封常清。

[8] 拨：碰撞，摩擦。

[9] 五花、连钱：马名。一说，马的毛色斑驳。旋：立刻，不久。

[10] 草：起草。檄：古代官府用以征召或声讨的文书。

[11] 虏：古代对北方外族的蔑称。慑：恐惧，害怕。

[12] 短兵：刀剑等短兵器。接：交战。

[13] 车师：安西都护府所在地，在今新疆吐鲁番。伫（zhù）：久立，此处指等待。捷：战利品。

简析

这是为封常清将军出兵西征而创作的送行诗。作此诗时，岑参正担任安西北庭节度使判官。作者置身前线军营，亲历行军作战，对当时征战的艰苦、胜利的欢乐都有比较深的体会。瑰玮奇特、雄浑壮美的边地自然风光与将士们斗风傲雪、勇武无敌的战斗豪情，震撼和感染着诗人，激发了他胸中蓬勃的诗情。全诗三句一换韵，节奏急促有力、激越豪壮，奇句豪气若风发泉涌，真可谓颉颃李杜，鬼斧神工。

韩愈

韩愈（768—824），字退之，河阳（今河南孟州）人，自称郡望昌黎（今河北昌黎）。官吏部侍郎等，谥文。世称韩昌黎、韩吏部、韩文公。“唐宋八大家”之一，与柳宗元并称“韩柳”。与孟郊等被称为韩孟诗派。有《昌黎先生集》。

山石

山石荦确行径微[1]，黄昏到寺蝙蝠飞[2]。升堂坐阶新雨足[3]，芭蕉叶大支子肥[4]。僧言古壁佛画好，以火来照所见稀[5]。铺床拂席置羹饭[6]，疏粝亦足饱我饥[7]。夜深静卧百虫绝，清月出岭光入扉[8]。天明独去无道路[9]，出入高下穷烟霏[10]。山红涧碧纷烂漫[11]，时见松枥皆十围[12]。当流赤足踏涧石[13]，水声激激风吹衣[14]。人生如此自可乐，岂必局束为人鞿[15]？嗟哉吾党二三子[16]，安得至老不更归[17]。

（《朱文公校昌黎先生集》，上海书店 1989 年）

注释

[1] 荦（luò）确：怪石嶙峋的样子。微：小，细，此处指山路狭窄。

[2] 寺：指洛阳以北的惠林寺。

[3] 升堂：登上庙堂。阶：台阶。

[4] 支子：即“栀子”。肥：茁壮，粗大。

[5] 稀：此处指模糊不清。

[6] 拂：擦拭。置：搁置，放下。

[7] 粝（lì）：糙米。

[8] 清：清朗的。出岭：从山岭处升起来。扉：门。

[9] 无道路：此处指晨雾迷茫看不清道路。

[10] 出入高下：山路高高低低的样子。穷烟霏：走遍了烟雾缭绕的山路。烟霏，烟雾。

[11] 涧：两山间的水沟。纷：繁茂。烂漫：色彩绚丽。

[12] 枥（lì）：同“栎”，乔木名。围：两臂合抱称一围。

[13] 当：对着。

[14] 激激：水急流声。

[15] 鞿（jī）：牵制，束缚。

[16] 党：朋友。

[17] 安：怎么。归：此处指弃官还乡。

简析

本诗虽题为《山石》，却是一首记游诗，按照时间顺序，依次写了“黄昏到寺”“夜深静卧”“天明独去”几个场景，其间所见、所闻、所思、所感，真挚之情与美妙之景互相生发，使人读之有身临其境之感。

杂说（其四）

世有伯乐[1]，然后有千里马。千里马常有，而伯乐不常有。故虽有名马[2]，只辱于奴隶人之手[3]，骈死于槽枥之间[4]，不以千里称也。

马之千里者，一食或尽粟一石[5]。食马者不知其能千里而食也[6]。是马也[7]，虽有千里之能，食不饱，力不足，才美不外见，且欲与常马等不可得，安求其能千里也[8]？

策之不以其道[9]，食之不能尽其材[10]，鸣之而不能通其意[11]，执策而临之[12]，曰："天下无马！"呜呼！其真无马耶[13]？其真不知马也[14]！

（《全唐文》，中华书局 1983 年）

注释

[1] 伯乐：春秋秦穆公时人孙阳，字伯乐，相传善相马。后指善于发现人才的人。

[2] 虽：即使。

[3] 奴隶人：养马的仆人。

[4] 骈：并。槽枥：养马的地方。槽，用来盛饲料喂牲畜的器具。

[5] 或：有时。石（dàn）：容量单位，十斗为一石。

[6] 食（sì）马者：饲养马的人。食，动词，饲养。

[7] 是：这。

[8] 安：怎么，哪里。

[9] 策：驾驭，鞭策。道：此处指马的特性。

[10] 材：通“才”，能力，资质，此处指马的食量。

[11] 通：通晓。

[12] 执：手拿。策：名词，马鞭。

[13] “其真”句：难道真的没有好马吗？其，难道，表示反问。

[14] 其：恐怕，表示推测。知：懂得，了解。

简析

韩愈《杂说》共四篇，此为第四篇。本文以伯乐比喻知人善任的贤君，以千里马比喻未被发现的人才，对人才被压制、埋没、荒废的现象进行了有力的抨击。

师说

古之学者必有师[1]。师者，所以传道授业解惑也[2]。人非生而知之者[3]，孰能无惑？惑而不从师，其为惑也，终不解矣。生乎吾前，其闻道也固先乎吾[4]，吾从而师之；生乎吾后，其闻道也亦先乎吾，吾从而师之。吾师道也[5]，夫庸知其年之先后生于吾乎[6]？是故无贵无贱[7]，无长无少，道之所存，师之所存也。

嗟乎！师道之不传也久矣[8]！欲人之无惑也难矣！古之圣人，其出人也远矣[9]，犹且从师而问焉；今之众人[10]，其下圣人也亦远矣，而耻学于师。是故圣益圣，愚益愚。圣人之所以为圣，愚人之所以为愚，其皆出于此乎[11]？爱其子，择师而教之；于其身也则耻师焉，惑矣。彼童子之师[12]，授之书而习其句读者[13]，非我所谓传其道解其惑者也。句读之不知，惑之不解，或师焉，或不焉[14]，小学而大遗[15]，吾未见其明也。巫医乐师百工之人[16]，不耻相师。士大夫之族[17]，曰师曰弟子云者，则群聚而笑之。问之，则曰："彼与彼年相若也，道相似也。位卑则足羞，官盛则近谀[18]。"呜呼！师道之不复可知矣。巫医乐师百工之人，君子不齿[19]，今其智乃反不能及[20]，其可怪也欤！

圣人无常师[21]。孔子师郯子、苌弘、师襄、老聃[22]。郯子之徒[23]，其贤不及孔子。孔子曰："三人行，必有我师。[24]"是故弟子不必不如师，师不必贤于弟子，闻道有先后，术业有专攻[25]，如是而已。

李氏子蟠，年十七，好古文[26]，六艺经传[27]，皆通习之[28]，不拘于时，学于余。余嘉其能行古道[29]，作《师说》以贻之[30]。

（《全唐文》，中华书局 1983 年）

注释

[1] 学者：求学的人。必：一定。

[2] 道：指儒家的思想学说。

[3]"人非"句：出自《论语 · 季氏》："生而知之者，上也；学而知之者，次也；困而学之，又其次也；困而不学，民斯为下矣。"

[4] 闻道：出自《论语 · 里仁》："子曰：'朝闻道，夕死可矣。'"闻，听见，引申为懂得。

[5] 师道：动宾结构，"师"做动词，学习道。

[6] 庸：难道。

[7] 是故：因此。

[8] 师道：名词，从师学习之道。

[9] 出人：超出常人。

[10] 众人：普通人。

[11] 其：表推测，大概。

[12] 彼：那些。

[13] 句：文辞语意已尽处。读（dòu）：语意未尽需停顿处。读，同"逗"，停顿。

[14] 不：同"否"，指不从师学习。

[15] 遗：遗弃，舍弃。

[16] 巫医：古时巫医不分，指以祈祷、卜筮为主，兼可医病的人。百工：各类手工业者。

[17] 族：类，辈。

[18] 谀（yú）：谄媚，奉承。

[19] 不齿：不屑，表示轻视。

[20] 乃：竟。

[21] 常：固定不变。

[22] 郯（Tán）子：春秋末年郯国（今山东郯城西南）君主，孔子曾向他学习少昊时代的职官名称。苌弘：周敬王时大夫，孔子曾向他请教有关音乐的问题。师襄：春秋末年鲁国乐官，善弹琴、击磬，孔子曾跟他学琴。老聃（dān）：老子李耳，曾为周朝管理藏书的史官，孔子曾向老子问礼。

[23] 徒：类。

[24] "三人行"句：出自《论语·述而》："三人行，必有我师焉。择其善者而从之，其不善者而改之。"

[25] 攻：专心研习。

[26] 古文：指先秦两汉的散文。

[27] 六艺：即六经，指《诗》《书》《礼》《易》《乐》《春秋》。经：六经的经文。传：注释六经的传文。

[28] 通：全部。

[29] 嘉：赞许。古道：古人从师问学之道。

[30] 贻（yí）：赠给。

简析

文章先指出从师的必要，引出"道之所存，师之所存"的论点，再分别从反面和正面，举例论述，批判士大夫耻于从师的不智，论证"三人行，必有我师"的道理，进而提出"弟子不必不如师，师不必贤于弟子"，归结到文首提出的"道之所存，师之所存"的论点上。全文结构严谨，论证有力。

刘禹锡

刘禹锡（772—842），字梦得，洛阳（今属河南）人。参与王叔文永贞革新，被贬八司马之一。晚年为太子宾客，世称刘宾客。与柳宗元并称“刘柳”，与白居易并称“刘白”。有《刘禹锡集》。

陋室铭[1]

山不在高，有仙则名[2]。水不在深，有龙则灵[3]。斯是陋室[4]，惟吾德馨[5]。苔痕上阶绿，草色入帘青。谈笑有鸿儒[6]，往来无白丁[7]。可以调素琴[8]，阅金经[9]。无丝竹之乱耳[10]，无案牍之劳形[11]。南阳诸葛庐[12]，西蜀子云亭[13]。孔子云：何陋之有[14]？

（《刘禹锡集》，中华书局 1990 年）

注释

[1] 铭：文体的一种。

[2] 名：做动词，出名。

[3] 灵：做动词，有灵气。

[4] 斯：这。

[5] 惟：只。德馨：德行馨香。馨，散播很远的芳香，此处指品德高尚。

[6] 鸿儒：大儒，学识渊博的人。鸿，大。

[7] 白丁：平民，此处指没有学问的人。

[8] 素琴：不加装饰的琴。

[9] 金经：用泥金书写的佛经。

[10] 丝竹：弦乐器与竹管乐器的总称，此处指奏乐的声音。

[11] 案牍：官府公文。劳形：使身体疲倦。

[12] 诸葛：指三国蜀汉丞相诸葛亮。

[13] 子云：西汉扬雄的字。

[14] 何陋之有：出自《论语 · 子罕》："君子居之，何陋之有？"

简析

本文不足百字，却蕴含丰富，格局广大。句式整齐中有变化，文笔简练清丽，音韵铿锵和谐，表现了作者不合流俗、洁身自好的生活态度和勤于修德、安贫乐道的价值追求。

白居易

白居易（772—846），字乐天，晚号香山居士、醉吟先生，下邽（今陕西渭南）人。早年官左拾遗、江州（今江西九江）司马等。晚年官太子少傅，谥文，世称白少傅、白文公。与元稹并称“元白”，与刘禹锡并称“刘白”。有《白氏长庆集》。

琵琶行

浔阳江头夜送客[1]，枫叶荻花秋瑟瑟[2]。主人下马客在船，举酒欲饮无管弦[3]。醉不成欢惨将别，别时茫茫江浸月。忽闻水上琵琶声，主人忘归客不发。寻声暗问弹者谁，琵琶声停欲语迟。移船相近邀相见，添酒回灯重开宴。千呼万唤始出来，犹抱琵琶半遮面。转轴拨弦三两声，未成曲调先有情。弦弦掩抑声声思[4]，似诉平生不得意[5]。低眉信手续续弹，说尽心中无限事。轻拢慢捻抹复挑[6]，初为《霓裳》后《绿腰》[7]。大弦嘈嘈如急雨[8]，小弦切切如私语[9]。嘈嘈切切错杂弹，大珠小珠落玉盘。间关莺语花底滑[10]，幽咽泉流冰下难[11]。冰泉冷涩弦凝绝[12]，凝绝不通声暂歇。别有幽愁暗恨生，此时无声胜有声。银瓶乍破水浆迸[13]，铁骑突出刀枪鸣。曲终收拨当心画[14]，四弦一声如裂帛。东船西舫悄无言[15]，唯见江心秋月白。

沉吟放拨插弦中，整顿衣裳起敛容。自言本是京城女，家在虾蟆陵下住[16]。十三学得琵琶成，名属教坊第一部[17]。曲罢曾教善才服，妆成每被秋娘妒[18]。五陵年少争缠头[19]，一曲红绡不知数[20]。钿头云篦击节碎[21]，血色罗裙翻酒污。今年欢笑复明年，秋月春风等闲度[22]。弟走从军阿姨死，暮去朝来颜色故[23]。门前冷落鞍马稀，老大嫁作商人妇。商人重利轻别离，前月浮梁买茶去[24]。去来江口守空船[25]，绕船月明江水寒。夜深忽梦少年事，梦啼妆泪红阑干[26]。

我闻琵琶已叹息，又闻此语重唧唧。同是天涯沦落人，相逢何必曾相识！我从去年辞帝京，谪居卧病浔阳城。浔阳小处无音乐，终岁不闻丝竹声。住近湓江地低湿，黄芦苦竹绕宅生。其间旦暮闻何物？杜鹃啼血猿哀鸣。春江花朝秋月夜，往往取酒还独倾。岂无山歌与村笛，呕哑嘲哳难为听[27]。今夜闻君琵琶语，如听仙乐耳暂明。莫辞更坐弹一曲，为君翻作《琵琶行》[28]。感我此言良久立，却坐促弦弦转急[29]。凄凄不似向前声，满座重闻皆掩泣。座中泣下谁最多？江州司马青衫湿。

（《白居易集笺校》，上海古籍出版社 1988 年）

注释

[1] 浔阳江：长江流经江西九江的一段，因九江古称浔阳，所以得名浔阳江。

[2] 荻（dí）花：芦荻花。

[3] 管弦：管乐器和弦乐器，此处指音乐。

[4] 掩抑：低沉。

[5] 得意：一作“得志”。

[6] 拢、捻、抹、挑：都是弹奏琵琶时所运用的指法。

[7]《霓裳》：即《霓裳羽衣曲》，起源于西域的乐舞，唐玄宗时名曲。《绿腰》：又作《六幺》《录要》，唐大曲名，又叫《乐世》，为歌舞曲。

[8] 大弦：琵琶四根弦中最粗的弦。嘈嘈：形容声音粗重。

[9] 小弦：指最细的弦。切切：声音幽细急促。

[10] 间关：鸟鸣声。滑：流利。

[11] 幽咽：形容微弱、似有似无的水流声。

[12] 凝绝：凝滞不动。

[13] 乍（zhà）：突然。迸（bèng）：喷射。

[14] 拨：拨子，拨弦的工具。当心画：用拨子在琵琶的中心划过四弦，是曲终时常见的演奏手法。

[15] 舫（fǎng）：船。

[16] 虾（há）蟆陵：在长安城东南，曲江附近，以出歌伎著名。

[17] 教坊：唐代官办管理音乐杂技、教练歌舞的机构。第一部：最优秀的演奏组。

[18] 秋娘：唐时歌舞伎常用的名字。

[19] 五陵年少：富贵人家子弟。五陵，在长安城外，汉代五个皇帝的陵墓。缠头：送给歌舞伎女的财物。

[20] 绡（xiāo）：精美的丝织品。

[21] 钿（diàn）头云篦（bì）：镶嵌着金花的银篦。钿，金花。击节：打拍子。

[22] 等闲：轻易。

[23] 颜色：容貌，容颜。

[24] 浮梁：古县名，唐属饶州。在今江西景德镇，盛产茶叶。

[25] 去来：即“去了”。

[26] 红：借指胭脂。阑干：纵横散乱的样子。

[27] 呕哑（ōuyā）：双声联绵词，形容声音杂乱难听。嘲哳（zhāozhā）：双声联绵词，形容声音细碎。

[28] 翻作：按照曲调写成歌词。

[29] 却坐：重新坐下。却：再。促弦：拧紧弦。

简析

这首叙事长诗描写了琵琶女高超的弹奏技艺，对她的不幸经历寄予了深切同情，同时也抒发了作者自己无辜被贬的愤懑之情。全诗结构严谨，波澜起伏，张弛有度，语言优美精当。

柳宗元

柳宗元（773—819），字子厚，祖籍河东（今山西永济）。参与王叔文永贞革新，被贬八司马之一。官终柳州刺史，世称柳河东、柳柳州。“唐宋八大家”之一，与韩愈并称“韩柳”。有《柳宗元集》。

至小丘西小石潭记

从小丘西行百二十步[1]，隔篁竹[2]，闻水声，如鸣珮环[3]，心乐之。伐竹取道[4]，下见小潭，水尤清洌[5]。全石以为底[6]，近岸卷石底以出，为坻为屿[7]，为嵁为岩[8]。青树翠蔓[9]，蒙络摇缀[10]，参差披拂[11]。潭中鱼可百许头[12]，皆若空游无所依。日光下澈[13]，影布石上，佁然不动[14]；俶尔远逝[15]，往来翕忽[16]，似与游者相乐。

潭西南而望，斗折蛇行[17]，明灭可见[18]。其岸势犬牙差互[19]，不可知其源。坐潭上，四面竹树环合，寂寥无人，凄神寒骨，悄怆幽邃[20]。以其境过清，不可久居[21]，乃记之而去。

同游者吴武陵、龚古，余弟宗玄；隶而从者[22]，崔氏二小生，曰恕己，曰奉壹。

（《柳宗元集》，中华书局 1979 年）

注释

[1] 从：自。

[2] 篁竹：竹林，一说竹名。

[3] 珮环：古人系于衣带上的玉饰。

[4] 取：此处指开辟。

[5] 尤：格外，尤其。清洌（liè）：清澈而寒凉。洌，寒冷。

[6] 全：整个。

[7] 屿（yǔ）：小岛。

[8] 嵁（kān）：悬崖峭壁。岩：高峻的山崖。

[9] 蔓：细长的藤蔓。

[10] 蒙：覆盖。络：缠绕。摇：摆动。缀：连接。

[11] 参差：高低不一。披拂：吹拂，飘动。

[12] 可：大约。许：数词后表约数，相当于“来”。

[13] 澈：穿透。

[14] 怡然：安适自在的样子。

[15] 俶（chù）尔：忽然。远逝：远去。

[16] 翕（xī）忽：迅速。

[17] 斗折蛇行：形容道路、河流等蜿蜒曲折。斗折，像北斗七星一样曲折。

[18] 明灭可见：忽明忽暗。可，隐约。

[19] 犬牙：比喻像狗的牙齿一样。差（cī）互：交错。

[20] 怆（chuàng）：悲伤。幽邃：幽深。

[21] 居：停留。

[22] 隶：追随，跟从。

简析

这是一篇著名的山水游记，作者用细腻生动的笔触，描写了小石潭及周边环境的优美和静穆，传达出独特的生命体验，抒发了心中的孤独凄清之情。

李贺

李贺（790—816），字长吉，福昌（今河南宜阳）人，家居福昌昌谷，后世称李昌谷。唐宗室郑王亮后裔，曾为奉礼郎。有“诗鬼”之称。有《昌谷集》。

金铜仙人辞汉歌

魏明帝青龙九年八月[1]，诏宫官牵车西取汉孝武捧露盘仙人[2]，欲立置前殿。宫官既拆盘，仙人临载[3]，乃潸然泪下[4]。唐诸王孙李长吉遂作《金铜仙人辞汉歌》[5]。

茂陵刘郎秋风客[6]，夜闻马嘶晓无迹。画栏桂树悬秋香[7]，三十六宫土花碧[8]。魏官牵车指千里，东关酸风射眸子[9]。空将汉月出宫门[10]，忆君清泪如铅水[11]。衰兰送客咸阳道[12]，天若有情天亦老。携盘独出月荒凉，渭城已远波声小[13]。

（《李贺歌诗编》，上海书店 1989 年）

注释

[1] 魏明帝：即曹叡（ruì）。青龙九年：应为青龙五年，此年魏明帝拆迁铜人。青龙，魏明帝年号。

[2] 宫官：宦官。牵：拉。汉孝武：即汉武帝。

[3] 载：运载，装运。

[4] 潸然：流泪。

[5] 诸王孙：李贺是唐宗室后代，故以“诸王孙”自称。

[6] 茂陵：汉武帝陵墓，在今陕西兴平市北。刘郎：指汉武帝刘彻。秋风客：悲秋之人，此处指汉武帝，因其曾作《秋风辞》。

[7] 画栏：绘有花纹图案的栏杆。

[8] 三十六宫：汉时长安有宫殿三十六所。土花：此处指苔藓。

[9] 东关：长安东城门。酸风：寒风。眸子：眼珠。

[10] 空：只，仅。将：相与，伴随。

[11] 君：指汉武帝。铅水：比喻铜人泪水似铅般沉痛。一说比喻晶莹凝聚的眼泪。

[12] 咸阳：秦都城，此处指长安。

[13] 渭城：咸阳，此处亦指长安。波声：指渭河的水声。

简析

诗人借金铜仙人辞汉的史事，抒发兴亡之感和身世之叹。全诗想象奇特，遣词造句奇绝而又熨帖，感情执着，深沉感人。

杜牧

杜牧（803—853），字牧之，京兆万年（今陕西西安）人。官终中书舍人。与李商隐并称“小李杜”。有《樊川文集》。

阿房宫赋

六王毕[1]，四海一[2]。蜀山兀[3]，阿房出。覆压三百余里[4]，隔离天日。骊山北构而西折[5]，直走咸阳[6]。二川溶溶[7]，流入宫墙。五步一楼，十步一阁。廊腰缦回[8]，檐牙高啄[9]。各抱地势，钩心斗角[10]。盘盘焉[11]，囷囷焉[12]，蜂房水涡[13]，矗不知乎几千万落[14]。长桥卧波，未云何龙[15]？复道行空[16]，不霁何虹？高低冥迷[17]，不知东西。歌台暖响，春光融融[18]；舞殿冷袖，风雨凄凄。一日之内，一宫之间，而气候不齐。

妃嫔媵嫱[19]，王子皇孙，辞楼下殿，辇来于秦[20]，朝歌夜弦[21]，为秦宫人。明星荧荧[22]，开妆镜也；绿云扰扰[23]，梳晓鬟也[24]；渭流涨腻[25]，弃脂水也[26]；烟斜雾横[27]，焚椒兰也[28]；雷霆乍惊[29]，宫车过也，辘辘远听[30]，杳不知其所之也[31]。一肌一容，尽态极妍[32]，缦立远视[33]，而望幸焉。有不见者，三十六年[34]。

燕、赵之收藏[35]，韩、魏之经营，齐、楚之精英，几世几年，剽掠其人[36]，倚叠如山[37]。一旦不能有，输来其间。鼎铛玉石[38]，金块珠砾[39]，弃掷逦迤[40]，秦人视之[41]，亦不甚惜。嗟乎！一人之心，千万人之心也。秦爱纷奢[42]，人亦念其家。奈何取之尽锱铢[43]，用之如泥沙？使负栋之柱[44]，多于南亩之农夫[45]；架梁之椽[46]，多于机上之工女；钉头磷磷[47]，多于在庾之粟粒[48]；瓦缝参差，多于周身之帛缕[49]；直栏横槛[50]，多于九土之城郭[51]；管弦呕哑[52]，多于市人之言语。使天下之人，不敢言而敢怒，独夫之心[53]，日益骄固[54]。戍卒叫[55]，函谷举[56]，楚人一炬[57]，可怜焦土。

灭六国者，六国也，非秦也。族秦者[58]，秦也，非天下也。嗟乎！使六国各爱其人[59]，则足以拒秦。使秦复爱六国之人，则递三世可至万世而为君[60]，谁得而族灭也？秦人不暇自哀[61]，而后人哀之；后人哀之而不鉴之[62]，亦使后人而复哀后人也。

（《樊川文集》，上海古籍出版社 2009 年）

注释

[1] 六王：指战国时期楚、齐、燕、韩、赵、魏六个诸侯国的君主。毕：完结，此处指被秦所灭。

[2] 四海：天下。一：统一。

[3] 蜀山：四川一带山岳泛称。兀（wù）：光秃。

[4] 覆压：遮盖。

[5] 骊山：在今陕西西安临潼东南。

[6] 咸阳：秦都，今属陕西省。

[7] 二川：指渭水和樊川。溶溶：水流盛大的样子。

[8] 廊腰：走廊转折处。缦：没有纹饰的丝织品，此处指像绸带一样。回：迂回，曲折。

[9] 檐牙：宫殿屋檐翘出似牙的部分。高啄：翘起的屋檐如禽鸟仰首啄食。

[10] 钩心斗角：形容建筑结构精巧错落。

[11] 盘盘：曲折回旋的样子。

[12] 囷（qūn）囷：与“盘盘”同义。

[13] 蜂房：像蜂窝一样密集众多。水涡：像旋涡一样回环曲折。

[14] 矗：高耸直立。

[15] 未云何龙：古人认为有龙必有云，此处形容长桥似龙。

[16] 复道：楼阁有上下两层通道。

[17] 冥迷：阴暗迷茫。

[18] 融融：和暖。

[19] 妃嫔媵（yìng）嫱：后宫女子。妃嫔，帝王的妾侍。妃，位次于后。嫔，位次于妃。媵，陪嫁的女子。嫱，宫内女官名。

[20] 辇：帝王或皇后乘坐的车子，此处用作动词，乘辇。

[21] 弦：弹奏弦乐。

[22] 荧荧：闪烁。

[23] 扰扰：纷乱，烦乱。

[24] 鬟（huán）：古代妇女梳的环形发髻。

[25] 渭流：渭水，陕西关中平原主要河流。涨：水位上升。腻：油脂，脂膏。

[26] 脂水：盥洗后清洗脂粉的污水。

[27] 烟斜雾横：烟雾弥漫。

[28] 椒、兰：香料，花椒和兰草。

[29] 乍：突然。

[30] 辘辘：车行走的声音。

[31] 杳（yǎo）：深远。

[32] 妍：美丽。

[33] 缦立：久立。

[34] 三十六年：秦始皇在位三十六年，此处指幽闭在宫中的宫女终生未能见到皇帝。

[35] 收藏：此处指金玉珠鼎等珍宝，与下文“经营”“精英”同义。

[36] 剽掠：抢劫掠夺。

[37] 倚叠：紧靠堆叠。

[38] 鼎铛（chēng）玉石：把宝鼎当作铁锅，把美玉当作石头。鼎，古代礼器。铛，用于烧煮饭食的锅具。

[39] 砾：小石，碎石。

[40] 逦迤（lǐyǐ）：曲折连绵。

[41] 秦人：即秦民，唐避唐太宗李世民讳，改民为人。

[42] 纷奢：繁华奢侈。

[43] 锱铢：古代重量单位，比喻微小的数量。锱，一两的四分之一。铢，一两的二十四分之一。

[44] 栋：房屋的脊梁。

[45] 南亩：泛指农田。

[46] 椽（chuán）：架在屋顶的木梁。

[47] 磷磷：形容钉头棱角分明。

[48] 庾（yǔ）：露天的谷堆。

[49] 缕：丝线。

[50] 直栏横槛（jiàn）：纵横的栏杆。槛，栏杆。

[51] 九土：九州的土地，指全国。

[52] 管弦：乐器。呕哑：此处指管弦声。

[53] 独夫：残暴无道、众叛亲离的统治者，此处指秦始皇。

[54] 骄固：骄横顽固。

[55] 戍卒叫：指陈胜、吴广起义。

[56] 举：攻占。

[57] 楚人一炬：指项羽火烧阿房宫。

[58] 族秦：亡秦。族，诛灭，诛杀。

[59] 使：假使。

[60] 三世：祖孙三代。

[61] 不暇：来不及。

[62] 鉴：吸取教训，引以为鉴。

简析

作者通过对阿房宫建筑与珍藏的描绘，总结秦王朝灭亡的教训，讽喻当时的朝政。本文体现了赋讲究铺张叙事、重视辞藻押韵的特点，既有粗笔勾勒的写意，又有工笔精描的细绘，想象力丰富，运用比喻、夸张、排比等手法，骈散结合，错落有致，语言精练，风格豪放。

范仲淹

范仲淹（989—1052），字希文，祖籍邠州（今陕西彬州），后迁居苏州吴县（今江苏苏州）。官至枢密副使、参知政事，宋仁宗庆历年间主持推动“庆历新政”。谥文正，封楚国公、魏国公，有《范文正公集》。

岳阳楼记

庆历四年春[1]，滕子京谪守巴陵郡[2]。越明年[3]，政通人和，百废俱兴[4]，乃重修岳阳楼，增其旧制，刻唐贤、今人诗赋于其上，属予作文以记之[5]。

予观夫巴陵胜状[6]，在洞庭一湖。衔远山，吞长江，浩浩汤汤，横无际涯，朝晖夕阴，气象万千，此则岳阳楼之大观也，前人之述备矣。然则北通巫峡，南极潇、湘，迁客骚人[7]，多会于此，览物之情，得无异乎[8]？

若夫霪雨霏霏[9]，连月不开，阴风怒号，浊浪排空[10]，日星隐耀，山岳潜形；商旅不行，樯倾楫摧[11]，薄暮冥冥[12]，虎啸猿啼。登斯楼也，则有去国怀乡[13]，忧谗畏讥，满目萧然[14]，感极而悲者矣[15]。

至若春和景明[16]，波澜不惊，上下天光，一碧万顷，沙鸥翔集[17]，锦鳞游泳[18]，岸芷汀兰[19]，郁郁青青。而或长烟一空[20]，皓月千里，浮光耀金，静影沉璧[21]，渔歌互答，此乐何极[22]！登斯楼也，则有心旷神怡，宠辱皆忘，把酒临风，其喜洋洋者矣。

嗟夫！予尝求古仁人之心，或异二者之为。何哉？不以物喜，不以己悲。居庙堂之高[23]，则忧其民；处江湖之远，则忧其君。是进亦忧[24]，退亦忧[25]。然则何时而乐耶？其必曰："先天下之忧而忧，后天下之乐而乐"欤！噫！微斯人[26]，吾谁与归[27]！

（《古文观止》，上海古籍出版社 2006 年）

注释

[1] 庆历四年：公元 1044 年。庆历，宋仁宗的年号。

[2] 滕子京：名宗谅，字子京，范仲淹友人。谪（zhé）：古代官员降职或远调。守：指做州郡的长官。巴陵郡：治所在今湖南岳阳，宋代称岳州，唐天宝、至德年间称巴陵郡。

[3] 越：到了。

[4] 俱：全，都。

[5] 属（zhǔ）：通"嘱"，嘱托，嘱咐。

[6] 夫：指示代词，相当于"那"。胜状：胜景，美景。

[7] 迁客：被贬谪流放的人。骚人：诗人。

[8] 得无：能不，表推测。

[9] 霪（yín）雨：连绵不断的雨。霏霏：细雨迷蒙的样子。

[10] 排空：冲向天空。

[11] 樯（qiáng）：桅杆。摧：折断。

[12] 薄：迫近。冥冥：昏暗的样子。

[13] 去：离开。国：国都，指京城。

[14] 萧然：萧条的样子。

[15] 感极：感慨到了极点。

[16] 至若：至于。景：日光。

[17] 翔集：或飞翔或栖息。

[18] 锦鳞：指美丽的鱼。

[19] 岸芷（zhǐ）汀（tīng）兰：岸上与小洲上的花草。芷，香草名。汀，小洲，水边平地。

[20] 或：有时。

[21] 静影沉璧：静静的月影像沉入水中的玉璧。璧，圆形正中有孔的玉。

[22] 何极：哪里有穷尽。何，怎么。

[23] 庙堂：指朝廷。

[24] 是：这样。进：在朝廷做官。

[25] 退：不在朝廷做官。

[26] 微：如果不是。斯人：这样的人。

[27] 谁与归：即“与谁归”。

简析

本文通过描写岳阳楼晴和与阴雨两种天气里的不同景色及带给人的不同感受，揭示了“不以物喜，不以己悲”的“古仁人之心”，表达了自己“先天下之忧而忧，后天下之乐而乐”的高尚情怀。全文将记叙、写景、抒情、议论融为一体，记事简明扼要，写景铺排生动，抒情真切动人，议论造语精警，对后世影响深远。

欧阳修

欧阳修（1007—1072），字永叔，号醉翁，晚号六一居士，庐陵（今江西吉安）人。官至翰林学士、枢密副使、参知政事等。谥文忠。“唐宋八大家”之一。有《欧阳文忠公集》。

秋声赋

欧阳子方夜读书[1]，闻有声自西南来者，悚然而听之[2]，曰：“异哉！”初淅沥以萧飒[3]，忽奔腾而砰湃[4]，如波涛夜惊，风雨骤至。其触于物也，鏦鏦铮铮[5]，金铁皆鸣；又如赴敌之兵，衔枚疾走[6]，不闻号令，但闻人马之行声。余谓童子：“此何声也？汝出视之[7]。”童子曰：“星月皎洁，明河在天[8]，四无人声，声在树间。”

余曰：“噫嘻悲哉！此秋声也，胡为而来哉？盖夫秋之为状也：其色惨淡[9]，烟霏云敛[10]；其容清明[11]，天高日晶[12]；其气慄冽[13]，砭人肌骨[14]；其意萧条，山川寂寥[15]。故其为声也，凄凄切切[16]，呼号愤发[17]。丰草绿缛而争茂[18]，佳木葱茏而可悦[19]；草拂之而色变，木遭之而叶脱。其所以摧败零落者，乃其一气之余烈[20]。夫秋，刑官也[21]，于时为阴[22]；又兵象也[23]，于行用金[24]，是谓天地之义气[25]，常以肃杀而为心。天之于物，春生秋实，故其在乐也，商声主西方之音[26]，夷则为七月之律[27]。商，伤也[28]，物既老而悲伤；夷，戮也[29]，物过盛而当杀。”

“嗟乎！草木无情，有时飘零。人为动物，惟物之灵[30]；百忧感其心，万事劳其形；有动于中，必摇其精[31]。而况思其力之所不及，忧其智之所不能；宜其渥然丹者为槁木[32]，黟然黑者为星星[33]。奈何以非金石之质，欲与草木而争荣？念谁为之戕贼[34]，亦何恨乎秋声！”

童子莫对，垂头而睡。但闻四壁虫声唧唧，如助余之叹息[35]。

（《欧阳文忠公文集》，上海书店 1989 年）

注释

[1] 欧阳子：作者自称。方：正在。

[2] 悚（sǒng）然：惊恐不安的样子。

[3] 淅沥：细雨声。萧飒：风雨吹打草木发出的声音。

[4] 砰湃：此处指风雨声如波涛汹涌般猛烈。

[5] 鏦（cōng）鏦铮铮：金属相撞击的声音。

[6] 枚：古代行军时为防喧哗，令士兵衔在口中形似筷子的器具。

[7] 汝：你。

[8] 明河：银河。

[9] 惨淡：暗淡。

[10] 霏：飘散。敛：聚集。

[11] 清明：清澈，明朗。

[12] 晶：明亮。

[13] 慄（lì）冽：寒冷。

[14] 砭（biān）：用石针刺穴治病，引申为刺。

[15] 寂寥：寂静无声，寥落萧条。

[16] 凄凄切切：凄凉而悲哀。

[17] 愤发：此处指风势强劲。

[18] 绿缛：碧绿而繁茂。

[19] 葱茏：草木青翠茂盛。

[20] 一气：指秋气。烈：威力。

[21] 刑官：掌管刑法的官吏。

[22] 于时为阴：古人以阴阳配合四时，春夏为阳，秋冬为阴。

[23] 兵象：战争的征象。

[24] 于行用金：古代以五行配四时，秋属金。

[25] 义气：刚正之气。

[26] 商声：古代以宫、商、角、徵、羽五音与四方、四时相配，西方、商声属秋。

[27] 夷则：古代以十二律相应于十二月，七月属夷则。

[28] 伤：此处指秋的肃杀之气。

[29] 戮：杀。

[30] 灵：灵长，动物中出类拔萃的。

[31] 精：精神。

[32] 宜：应当，应该。渥（wò）然：色泽红润。槁木：枯木，比喻衰老。

[33] 黟然：乌黑，一作"黟"(yī)。黑者：指头发。星星：头发花白。

[34] 戕贼：摧残，破坏。

[35] 助：附和。

简析

本文以声音为线索，从闻秋声起，到听虫鸣止，通过叙事、写景、抒情、议论，把对自然之秋与人生之秋的认知和感悟描述得细致入微，表达得酣畅淋漓。文章节奏张弛有度，写作笔法摇曳多姿，令人读之大有身临其境之感。

醉翁亭记

环滁皆山也[1]。其西南诸峰，林壑尤美[2]。望之蔚然而深秀者[3]，琅琊也。山行六七里，渐闻水声潺潺，而泻出于两峰之间者，酿泉也。峰回路转，有亭翼然临于泉上者，醉翁亭也。作亭者谁？山之僧智仙也。名之者谁？太守自谓也。太守与客来饮于此，饮少辄醉[4]，而年又最高，故自号曰醉翁也。醉翁之意不在酒，在乎山水之间也。山水之乐，得之心而寓之酒也。

若夫日出而林霏开[5]，云归而岩穴暝，晦明变化者，山间之朝暮也。野芳发而幽香，佳木秀而繁阴，风霜高洁，水落而石出者，山间之四时也。朝而往，暮而归，四时之景不同，而乐亦无穷也。

至于负者歌于途，行者休于树，前者呼，后者应，伛偻提携[6]，往来而不绝者，滁人游也。临溪而渔，溪深而鱼肥；酿泉为酒，泉香而酒洌[7]，山肴野蔌[8]，杂然而前陈者[9]，太守宴也。宴酣之乐，非丝非竹；射者中[10]，弈者胜[11]；觥筹交错[12]，起坐而喧哗者，众宾欢也。苍颜白发，颓然乎其间者[13]，太守醉也。

已而夕阳在山[14]，人影散乱，太守归而宾客从也。树林阴翳[15]，鸣声上下，游人去而禽鸟乐也。然而禽鸟知山林之乐，而不知人之乐；人知从太守游而乐，而不知太守之乐其乐也。醉能同其乐，醒能述以文者，太守也。太守谓谁？庐陵欧阳修也。

（《古文观止》，上海古籍出版社 2006 年）

注释

[1] 滁（Chú）：滁州，今安徽滁州。

[2] 壑（hè）：山谷。

[3] 蔚然：草木茂盛的样子。深秀：幽深秀美。

[4] 辄（zhé）：就。

[5] 林霏：树林中的雾气。

[6] 伛偻（yǔlǚ）：腰弯背曲的样子，此处指老年人。提携（xié）：指小孩。

[7] 洌（liè）：酒清。

[8] 山肴（yáo）：野味。蔌（sù）：菜蔬。

[9] 杂然：众多而杂乱的样子。陈：摆放，陈列。

[10] 射：此处指投壶，宴饮时的一种游戏，把箭投向壶中，多者胜。

[11] 弈（yì）：下棋。

[12] 觥筹（gōng chóu）交错：酒杯和酒筹交相错杂，形容喝酒尽兴的样子。觥，犀牛角制成的酒杯。筹，酒筹，宴会上行令或游戏时计数饮酒的筹码。

[13] 颓然：醉倒的样子。

[14] 已而：不久。

[15] 翳（yì）：遮蔽。

简析

本文作于宋仁宗庆历六年（1046），当时欧阳修正被贬任滁州太守。他以“寄情山水”“与民同乐”来排遣遭贬谪后的抑郁心情。本文以清丽脱俗、萧简淡远的笔墨描绘了醉翁亭秀美的自然风光和人们的山水之乐、游宴之乐，意境优美，结构精巧，语言凝练。全文仅四百字，用二十一个“也”字结束句尾，一贯通篇，一唱三叹，摇曳多姿；二十六个“而”字，则令语句抑扬抗坠、铿锵悦耳，令文气舒缓从容、左右逢源。

苏洵

苏洵（1009—1066），字明允，一说自号老泉，眉州眉山（今四川眉山）人。与其子苏轼、苏辙合称“三苏”。有《嘉祐集》。

六国

六国破灭，非兵不利[1]，战不善，弊在赂秦[2]。赂秦而力亏[3]，破灭之道也。

或曰[4]：六国互丧[5]，率赂秦耶[6]？曰：不赂者以赂者丧。盖失强援[7]，不能独完[8]，故曰：弊在赂秦也。

秦以攻取之外，小则获邑，大则得城[9]。较秦之所得，与战胜而得者，其实百倍[10]；诸侯之所亡，与战败而亡者，其实亦百倍。则秦之所大欲，诸侯之所大患，固不在战矣[11]。思厥先祖父[12]，暴霜露、斩荆棘，以有尺寸之地。子孙视之不甚惜[13]，举以予人[14]，如弃草芥。今日割五城，明日割十城，然后得一夕安寝。起视四境，而秦兵又至矣。然则诸侯之地有限，暴秦之欲无厌[15]，奉之弥繁，侵之愈急[16]，故不战而强弱胜负已判矣。至于颠覆，理固宜然。古人云：“以地事秦，犹抱薪救火，薪不尽，火不灭。”此言得之。

齐人未尝赂秦，终继五国迁灭，何哉？与嬴而不助五国也。五国既丧，齐亦不免矣。燕、赵之君，始有远略，能守其土，义不赂秦。是故燕虽小国而后亡，斯用兵之效也。至丹以荆卿为计，始速祸焉[17]。赵尝五战于秦，二败而三胜。后秦击赵者再[18]，李牧连却之[19]。洎牧以谗诛[20]，邯郸为郡[21]，惜其用武而不终也。且燕、赵处秦革灭殆尽之际[22]，可谓智力孤危，战败而亡，诚不得已。向使三国各爱其地[23]，齐人勿附于秦，刺客不行，良将犹在，则胜负之数，存亡之理[24]，当与秦相较[25]，或未易量[26]。

呜呼！以赂秦之地封天下之谋臣[27]，以事秦之心礼天下之奇才，并力西向[28]，则吾恐秦人食之不得下咽也。悲夫，有如此之势，而为秦人积威之所劫[29]，日削月割，以趋于亡。为国者无使为积威之所劫哉！

夫六国与秦皆诸侯，其势弱于秦，而犹有可以不赂而胜之之势。苟以天下之大[30]，下而从六国破亡之故事[31]，是又在六国下矣[32]。

（《嘉祐集笺注》，上海古籍出版社 1993 年）

注释

[1] 兵：兵器。

[2] 弊在赂秦：弊病在于贿赂秦国。赂，此处指向秦割地求和。

[3] 亏：损耗。

[4] 或曰：有人说。

[5] 互丧：相继灭亡。

[6] 率：都，全。

[7] 强援：强大的援助。

[8] 完：保全。

[9] “秦以”全句：秦国在武力攻打之外靠别国贿赂得来的土地，小则城镇，大则城池。

[10] 其实：它的实际情况。

[11] 固：本来。

[12] 厥：其。先：放在已经去世的长辈称呼前，表示尊敬。

[13] 视：对待。

[14] 予：送给。

[15] 厌：同“餍”，满足。

[16] 弥、愈：更加。

[17] 速：招致。

[18] 再：两次。

[19] 却：退敌。

[20] 洎（jì）：及，等到。以：因为。谗：小人的坏话。

[21] 邯郸为郡：此处指赵国灭亡。秦灭赵之后，把赵国改为秦国的邯郸郡。

[22] 革灭殆尽：指秦将六国几乎全部灭亡。革，除去。殆，几乎，将要。

[23] 向使：以前假如。

[24] 数、理：皆指命运。

[25] 当：通“倘”，如果。

[26] 易量：容易判断。

[27] 以：用。

[28] 并力西向：合力而西向抗秦。

[29] 积威：长久形成的威势。劫：胁迫。

[30] 苟：如果。

[31] 下：降低身份。故事：旧事，先例。

[32] 是：指这种做法。

简析

本文提出并论证了“六国破灭，弊在赂秦”的观点，论证严密，语言生动。虽属史论，但并非单纯谈论历史，而是以古鉴今，意在言外。最后一句，更是几乎直接点明了北宋朝廷对西夏与辽的求和政策之不可行，语重心长，发人深省。

周敦颐

周敦颐（1017—1073），字茂叔，道州营道（今湖南道县）人，世称濂溪先生。宋代理学创始者之一。著《太极图说》《通书》等。

爱莲说[1]

水陆草木之花，可爱者甚蕃[2]。晋陶渊明独爱菊[3]。自李唐来[4]，世人甚爱牡丹。予独爱莲之出淤泥而不染，濯清涟而不妖[5]，中通外直[6]，不蔓不枝[7]，香远益清[8]，亭亭净植[9]，可远观而不可亵玩焉[10]。

予谓菊，花之隐逸者也[11]；牡丹，花之富贵者也；莲，花之君子者也。噫[12]！菊之爱[13]，陶后鲜有闻[14]；莲之爱，同予者何人？牡丹之爱，宜乎众矣[15]！

（《周敦颐集》，中华书局 1990 年）

注释

[1] 说：文体的一种，阐述某种道理或主张。

[2] 可爱：令人喜爱。甚：很。蕃（fán）：众多。

[3] 独：只，仅。

[4] 李唐：唐朝皇帝姓李，故称李唐。

[5] 濯（zhuó）：洗涤。清涟：水清澈而有细波纹，此处指清水。

[6] 中通外直：内空外直。通，贯通。直，挺立的样子。

[7] 不蔓不枝：莲茎直，无分枝蔓生。蔓，细长不能直立的茎。

[8] 益：更加。

[9] 亭亭：高耸的样子。植：直立，树立。

[10] 亵（xiè）玩：亲近而肆意玩弄。亵，轻慢，侮弄。

[11] 隐逸：隐居。

[12] 噫：叹词，相当于“唉”。

[13] 菊之爱：对菊的喜爱。

[14] 鲜：少。闻：听说。

[15] 宜：应当，应该。

简析

全文仅 119 字，言简意赅，情景交融，赞美了莲的高洁形象与君子品格，也宣示了作者择善固执的人生态度与不合流俗的价值追求。

王安石

王安石（1021—1086），字介甫，号半山，抚州临川（今江西抚州）人。官至宰相，主持“熙宁变法”。封荆国公，谥文。世称临川先生、王荆公、王文公。“唐宋八大家”之一。有《临川集》等。

桂枝香

登临送目[1]，正故国晚秋[2]，天气初肃[3]。千里澄江似练[4]，翠峰如簇[5]。归帆去棹残阳里[6]，背西风、酒旗斜矗。彩舟云淡，星河鹭起[7]，画图难足[8]。

念往昔，繁华竞逐，叹门外楼头[9]，悲恨相续。千古凭高，对此漫嗟荣辱[10]。六朝旧事随流水，但寒烟芳草凝绿[11]。至今商女[12]，时时犹歌，《后庭》遗曲[13]。

（《王安石诗文选评》，上海古籍出版社 2002 年）

注释

[1] 登临送目：登高远眺。

[2] 故国：故都，指金陵。

[3] 肃：萧肃。

[4] 澄江：清澈的江水。练：白色的绢。

[5] 如簇：指群峰好像攒聚在一起。簇，聚集。

[6] 去棹：往来的船只。棹，船桨，此处借指船。

[7] 星河鹭（lù）起：白鹭从水中沙洲上飞起。星河，银河，此处指长江。

[8] 画图难足：用图画也难以充分地表现它的美。

[9] 门外楼头：指南朝陈亡国惨剧。

[10] 漫嗟：空叹。

[11] 但：唯有，只有。

[12] 商女：歌女。

[13]《后庭》遗曲：指歌曲《玉树后庭花》，传为陈后主所作。曲调哀婉，后人认为是亡国之音。

简析

本词上阕描绘金陵晚秋壮阔的江山胜景，水、陆、空依次勾勒，雄浑苍凉。下阕抒发怀古幽情，化用前人诗意，虚实相映，在感慨以往统治者醉生梦死导致国家灭亡的同时，也传递出作者心头对时局深深的忧虑。本词境界开阔，立意高远，结构严谨，用典自然。

苏轼

苏轼（1037—1101），字子瞻，号东坡居士，眉州眉山（今属四川）人。官至翰林学士知制诰。谥文忠。“唐宋八大家”之一，与欧阳修并称“欧苏”，与黄庭坚并称“苏黄”，与辛弃疾并称“苏辛”。有《苏东坡集》《东坡乐府》等。

赤壁赋

壬戌之秋[1]，七月既望[2]，苏子与客泛舟，游于赤壁之下。清风徐来，水波不兴。举酒属客[3]，诵明月之诗，歌窈窕之章[4]。少焉[5]，月出于东山之上，徘徊于斗牛之间[6]。白露横江，水光接天。纵一苇之所如[7]，凌万顷之茫然。浩浩乎如冯虚御风[8]，而不知其所止；飘飘乎如遗世独立，羽化而登仙。

于是饮酒乐甚，扣舷而歌之[9]。歌曰：“桂棹兮兰桨[10]，击空明兮溯流光[11]。渺渺兮予怀[12]，望美人兮天一方[13]。”客有吹洞箫者，倚歌而和之[14]。其声呜呜然，如怨如慕，如泣如诉。余音袅袅，不绝如缕。舞幽壑之潜蛟，泣孤舟之嫠妇[15]。

苏子愀然[16]，正襟危坐[17]，而问客曰：“何为其然也[18]？”客曰：“‘月明星稀，乌鹊南飞’，此非曹孟德之诗乎？西望夏口，东望武昌，山川相缪[19]，郁乎苍苍，此非孟德之困于周郎者乎？方其破荆州，下江陵，顺流而东也，舳舻千里[20]，旌旗蔽空，酾酒临江[21]，横槊赋诗[22]，固一世之雄也，而今安在哉？况吾与子渔樵于江渚之上，侣鱼虾而友麋鹿[23]，驾一叶之扁舟，举匏尊以相属[24]。寄蜉蝣于天地[25]，渺沧海之一粟[26]。哀吾生之须臾[27]，羡长江之无穷。挟飞仙以遨游，抱明月而长终。知不可乎骤得，托遗响于悲风。”

苏子曰：“客亦知夫水与月乎？逝者如斯，而未尝往也。盈虚者如彼，而卒莫消长也。盖将自其变者而观之，而天地曾不能以一瞬[28]；自其不变者而观之，则物与我皆无尽也，而又何羡乎！且夫天地之间，物各有主，苟非吾之所有，虽一毫而莫取。惟江上之清风，与山间之明月，耳得之而为声，目遇之而成色，取之无禁，用之不竭，是造物者之无尽藏也，而吾与子之所共食[29]。”客喜而笑，洗盏更酌。肴核既尽[30]，杯盘狼藉[31]。相与枕藉乎舟中[32]，不知东方之既白。

（《苏轼文集》，中华书局 1986 年）

注释

[1] 壬戌（rénxū）：宋神宗元丰五年（1082）。

[2] 既望：农历每月十五日为“望日”，十六日为“既望”。

[3] 属（zhǔ）：通“嘱”，致意，引申为劝酒。

[4] 明月之诗、窈窕（yǎotiǎo）之章：均为《诗经》中的篇目，此处指《诗经》。

[5] 少焉：一会儿。

[6] 斗、牛：星座名，斗宿、牛宿。

[7] 一苇：比喻极小的船。

[8] 冯（píng）虚：凭空，凌空。冯，通“凭”。虚，太空。

[9] 扣舷：敲打着船边，指打节拍。

[10] 桂棹兰桨：用兰、桂香木制成的船桨。

[11] 空明：月亮倒映水中的澄明之色。溯：逆流而上。流光：在水面上浮动的月光。

[12] 渺渺：悠远的样子。

[13] 美人：比喻内心思慕的人，常用来作为圣明之君的象征。

[14] 倚歌：按照歌曲的声调节拍。和（hè）：唱和。

[15] 嫠（lí）妇：寡妇。

[16] 愀（qiǎo）然：忧愁的样子。

[17] 正襟危坐：整理衣襟，（严肃地）端坐着。

[18] “何为”句：（箫声）为什么会这样（悲凉）呢?

[19] 缪：通“缭”（liǎo），缠绕，缭绕。

[20] 舳舻（zhúlú）：大船。

[21] 酾（shī）酒：滤酒，此处指斟酒饮酒。

[22] 槊（shuò）：长矛。

[23] 侣、友：以 ... 为伴、以……为友。麋（mí）：鹿的一种。

[24] 匏尊（páozūn）：葫芦做的酒杯。匏，葫芦。尊，樽，酒杯。

[25] 蜉蝣（fúyóu）：古人认为是一种朝生暮死的昆虫。此句比喻人生之短暂。

[26] 渺沧海之一粟：渺小得如同大海中的一粒粟米，比喻人在天地之间极为渺小。

[27] 须臾：一会儿，片刻，形容生命之短促。

[28] 曾：竟然。一瞬：一眨眼的工夫。

[29] 食：一作“适”，指享用。

[30] 肴（yáo）：菜肴。核：果品。

[31] 狼藉：凌乱。

[32] 相与枕藉（jiè）：相互枕着垫着。藉，垫褥。

简析

本文作于宋神宗元丰五年（1082）苏轼被贬黄州时，记录了作者与友人的一次赤壁夜游，由月下泛舟之美感受的乐到怀古伤今引发的悲再到参透大化复归于喜，诗情画意与议论理趣水乳交融，完美统一。清人孙琮评论说“江山不朽，此文应与俱寿”。

记承天寺夜游[1]

元丰六年十月十二日，夜，解衣欲睡，月色入户，欣然起行。念无与为乐者，遂至承天寺，寻张怀民。怀民亦未寝，相与步于中庭。庭下如积水空明[2]，水中藻荇交横[3]，盖竹柏影也。何夜无月，何处无竹柏，但少闲人如吾两人者耳。黄州团练副使苏某书。

（《苏轼文集》，中华书局 1986 年）

注释

[1] 承天寺：故址在今湖北黄冈城南。

[2]“庭下”句：写月光洒满庭院，清澈如水。

[3] 藻、荇：均为水生植物，此处指水草。

简析

全文不足百字，尺幅之间，由记叙到描写到议论，一气呵成，众妙毕备。天涯沦落之苦闷，挚友相伴之欣慰，月下中庭之可爱，胸怀襟抱之旷达，令人过目难忘。

姜夔

姜夔（约1155—1209），字尧章，号白石道人，饶州鄱阳（今江西波阳）人。有《白石道人诗集》《白石道人歌曲》。

扬州慢

淳熙丙申至日[1]，予过维扬[2]。夜雪初霁，荠麦弥望[3]。入其城则四顾萧条，寒水自碧。暮色渐起，戍角悲吟[4]。予怀怆然[5]。感慨今昔[6]，因自度此曲。千岩老人以为有黍离之悲也[7]。

淮左名都[8]，竹西佳处[9]，解鞍少驻初程[10]。过春风十里，尽荠麦青青。自胡马窥江去后[11]，废池乔木[12]，犹厌言兵[13]。渐黄昏、清角吹寒[14]，都在空城。

杜郎俊赏[15]，算而今、重到须惊[16]。纵豆蔻词工[17]，青楼梦好，难赋深情。二十四桥仍在[18]，波心荡、冷月无声。念桥边红药[19]，年年知为谁生。

（《姜白石词笺注》，中华书局2013年）

注释

[1] 淳熙丙申：宋孝宗淳熙三年（1176）。至日：冬至、夏至，此处指冬至。

[2] 予：我。维扬：扬州别称。

[3] 荠（jì）麦：一种野麦。弥望：满眼。弥，满。

[4] 戍角：边防驻军的号角声。

[5] 怀：心中。怆然：悲伤的样子。

[6] 今昔：现在与过去。

[7] 千岩老人：南宋著名诗人萧德藻，晚年居湖州，自号千岩老人。黍离：指亡国之痛，出自《诗经 · 王风 · 黍离》。

[8] 淮左名都：指淮南东路的首府扬州，因面朝南时，东为左，故称淮左名都。

[9] 竹西：扬州城北的竹西亭。

[10] 少：稍微，短暂。驻：停留。

[11] 胡马窥江：此处指金朝的兵马南下侵扰至长江边。

[12] 废池乔木：战乱后池台荒废、古树残存的景象，此处是战祸的受害者与目击者的象征。

[13] 厌：憎恶。

[14] 清角：清越而凄凉的号角。

[15] 杜郎：指唐代诗人杜牧。

[16] 算：推测，料想。须：必定。

[17] 豆蔻：花名，比喻少女。

[18] 二十四桥：扬州二十四座著名的桥梁。一说，指吴家砖桥，又名红药桥。

[19] 红药：芍药花。

简析

扬州向称天下名城，但遭受兵燹（xiǎn），繁华不再，作者身临其境，触目伤怀，又自然想起三百多年前曾写下“二十四桥明月夜”和“春风十里扬州路”的杜牧，更是不胜唏嘘。

暗香

辛亥之冬[1]，予载雪诣石湖[2]。止既月[3]，授简索句[4]，且征新声[5]。作此两曲，石湖把玩不已，使工妓肄习之[6]，音节谐婉，乃名之曰《暗香》《疏影》。

旧时月色，算几番照我，梅边吹笛。唤起玉人[7]，不管清寒与攀摘[8]。何逊而今渐老[9]，都忘却、春风词笔。但怪得、竹外疏花，香冷入瑶席[10]。

江国，正寂寂[11]。叹寄与路遥，夜雪初积。翠尊易泣[12]，红萼无言耿相忆[13]，长记曾携手处，千树压、西湖寒碧。又片片吹尽也，几时见得。

（《姜白石词笺注》，中华书局 2013 年）

注释

[1] 辛亥：宋光宗绍熙二年（1191）。

[2] 载雪：冒雪。诣（yì）：拜访。石湖：指南宋末著名诗人石湖居士范成大。

[3] 止既月：住满一月。

[4] 授简：给予简札，嘱人写作。

[5] 新声：新词调。

[6] 肄：学习，研究。

[7] 玉人：美人。

[8] 不管：不顾。

[9] 何逊：南朝梁代诗人，此处作者以何逊自比。

[10] 瑶席：华美的席子。

[11] 寂寂：悄无声息。

[12] 尊：酒杯，此处指酒。

[13] 红萼：红花，此处指梅花。耿：悲伤不安。

简析

北宋林逋“疏影横斜水清浅，暗香浮动月黄昏”乃咏梅绝唱，姜夔从中取“疏影”与“暗香”两语，自度其曲，各成佳词，亦为传世名篇。《暗香》以梅花为线索，思往事，惜流芳，抒写今昔之比与盛衰之感。笔触细腻绵密，意境清空幽雅，令人回味无穷。

疏影

苔枝缀玉[1]，有翠禽小小，枝上同宿[2]。客里相逢[3]，篱角黄昏，无言自倚修竹[4]。昭君不惯胡沙远，但暗忆、江南江北。想佩环、月夜归来，化作此花幽独。

犹记深宫旧事[5]，那人正睡里，飞近蛾绿[6]。莫似春风，不管盈盈[7]，早与安排金屋[8]。还教一片随波去，又却怨、玉龙哀曲[9]。等恁时、重觅幽香[10]，已入小窗横幅[11]。

（《姜白石词笺注》，中华书局 2013 年）

注释

[1] 苔枝：长有苔藓的梅枝。缀：点缀。

[2] 宿：栖息。

[3] 客里：离乡在外期间。

[4] 倚：靠。

[5] 深宫旧事：此处指梅花妆的由来，见《太平御览 · 时序部》引《杂五行事》。

[6] 蛾绿：指女子的眉毛。

[7] 盈盈：美人仪态美好的样子，此处指梅花。

[8] 金屋：藏所爱女子的地方。

[9] 玉龙：玉笛。哀曲：指笛曲《梅花落》。

[10] 恁时：那时候。

[11] 横幅：横着展开的整幅布帛。

简析

这首词连用典故，虚实相生，用美好的女性形象把梅花人格化，描绘了梅花清幽孤傲、卓尔不群的形象，也充分展示了姜夔作品空灵含蓄的特点。

吴文英

吴文英（约1212—约1272），字君特，号梦窗，四明（今浙江宁波）人。有《梦窗词》。

风入松

听风听雨过清明。愁草瘗花铭[1]。楼前绿暗分携路[2]，一丝柳、一寸柔情。料峭春寒中酒[3]，交加晓梦啼莺[4]。

西园日日扫林亭。依旧赏新晴。黄蜂频扑秋千索，有当时、纤手香凝。惆怅双鸳不到[5]，幽阶一夜苔生。

（《梦窗词》，上海古籍出版社1988年）

注释

[1] 草：写作，起草。瘗（yì）：掩埋，埋葬。铭：文体的一种。

[2] 绿暗：形容绿柳成荫。分携：分别。

[3] 料峭：形容微寒。中酒：醉酒。

[4] 交加：此处指黄莺争鸣。

[5] 双鸳：女子的绣鞋，此处指行迹。

简析

这是一首伤春怀人之作。上阕写芳春又至，倩影无踪，风雨落花中，作者独对清明，楼前的丝丝绿柳唤起心底寸寸柔情。下阕则写风停雨住后，独自来到昔日与佳人共同游赏的西园，词人一片痴心化作“黄蜂”二句痴语，令人叫绝。结语“幽阶”句则情景交融，蕴藉绵长。

元好问

元好问（1190—1257），字裕之，号遗山，太原秀容（今山西忻州）人。有《中州集》《遗山集》。

摸鱼儿

乙丑岁赴试并州[1]。道逢捕雁者云："今日获一雁，杀之矣。其脱网者悲鸣不能去，竟自投于地而死[2]。"予因买得之，葬之汾水之上，垒石为识[3]，号曰"雁丘"。同行者多为赋诗，予亦有《雁丘词》。旧所作无宫商[4]，今改定之。

问世间，情是何物？直教生死相许！天南地北双飞客[5]，老翅几回寒暑[6]。

欢乐趣，离别苦，是中更有痴儿女[7]。君应有语，渺万里层云[8]，千山暮景[9]，只影为谁去[10]？

横汾路[11]，寂寞当年箫鼓。荒烟依旧平楚[12]。招魂楚些何嗟及[13]，山鬼自啼风雨[14]。天也妒，未信与、莺儿燕子俱黄土。千秋万古。为留待骚人[15]，狂歌痛饮[16]，来访雁丘处[17]。

（《元好问全集》，山西人民出版社 1990 年）

注释

[1] 乙丑岁：金章宗泰和五年（1205）。赴：到，去。

[2] 投：撞。

[3] 识：标志，记号。

[4] 无宫商：指不协音律。

[5] 双飞客：大雁成对飞翔。

[6] 寒暑：寒冬暑夏，此处泛指岁月。

[7] 是中：其中。

[8] 渺：辽阔，渺茫。

[9] 暮：傍晚，日落时。

[10] 只：此处指孤单。

[11] 横汾路：指当年汉武帝巡幸处。

[12] 平楚：平野。

[13] 何嗟及：悲叹也无济于事。嗟，悲叹。

[14] 山鬼：《楚辞·九歌·山鬼》中指山神，此处指雁魂。啼：悲哀地哭泣。

[15] 骚人：诗人，文人。

[16] 痛：畅快。

[17] 访：寻访，探访。

简析

本词用拟人手法描写一对大雁，歌颂忠贞不渝的爱情。上阕破空而来的诘问直指心灵，浩渺时空中两个生命的凄美爱情故事令人潸然泪下。下阕则用衬托、对比等手法，情景交融，抒发对殉情大雁的哀悼、惋惜和礼赞。开篇发问之后，又通过层层深入地描绘铺叙，谱写了一首感人至深的爱情悲歌。

唐寅

唐寅（1470—1524），字伯虎，一字子畏，号六如居士，吴县（今江苏苏州）人。与祝允明、文徵明、徐祯卿合称“吴中四才子”，与沈周、文徵明、仇英合称“吴门四大家”。有《六如居士集》。

桃花庵歌

桃花坞里桃花庵[1]，桃花庵里桃花仙；桃花仙人种桃树，又摘桃花换酒钱。酒醒只来花前坐，酒醉还来花下眠；半醒半醉日复日，花落花开年复年。但愿老死花酒间，不愿鞠躬车马前[2]；车尘马足贵者趣[3]，酒盏花枝贫贱缘[4]。若将富贵比贫者，一在平地一在天；若将花酒比车马，他得驰驱我得闲。别人笑我忒风骚，我笑他人看不穿；不见五陵豪杰墓[5]，无酒无花锄做田[6]。

（《唐寅集》，上海古籍出版社 2013 年）

注释

[1] 坞：四面高、中间低的地方。

[2] 鞠躬：恭敬谨慎的样子。

[3] 车尘马足：车马奔波，比喻人世俗事。

[4] 盏：浅而小的杯子。

[5] 五陵：西汉五个皇帝的陵墓，即长陵、安陵、阳陵、茂陵、平陵。

[6] 无酒无花：指无人摆花祭酒前来祭祀。

简析

本诗表达了作者看穿功名、乐于归隐的生活态度。作品用语浅近，兴寄幽深，词句回环复沓若流水行云，充分显露了作者秀逸清俊的人格和风流潇洒的本性。

归有光

归有光（1507—1571），字熙甫，别号震川，自号项脊生，世称“震川先生”。昆山（今江苏昆山）人。“唐宋派”代表作家，与唐顺之、王慎中并称“嘉靖三大家”。有《震川先生集》。

项脊轩志[1]（节选）

项脊轩，旧南阁子也[2]。室仅方丈[3]，可容一人居。百年老屋，尘泥渗漉[4]，雨泽下注[5]，每移案[6]，顾视无可置者[7]。又北向[8]，不能得日[9]，日过午已昏。余稍为修葺[10]，使不上漏[11]；前辟四窗，垣墙周庭[12]，以当南日[13]；日影反照，室始洞然[14]。又杂植兰桂竹木于庭，旧时栏楯[15]，亦遂增胜[16]。借书满架，偃仰啸歌[17]，冥然兀坐[18]，万籁有声，而庭阶寂寂，小鸟时来啄食，人至不去。三五之夜[19]，明月半墙，桂影斑驳[20]，风移影动，珊珊可爱[21]。

（《震川先生集》，上海古籍出版社 1981 年）

注释

[1] 轩：小的房室。

[2] 阁子：指小屋。

[3] 方丈：一丈见方。

[4] 漉（lù）：漏下。

[5] 雨泽下注：雨水往下倾泻。雨泽，雨水。下，向下，往下。

[6] 案：几案，桌子。

[7] 顾视：环顾四周。

[8] 北向：朝北。

[9] 不能得日：阳光不能照到。

[10] 修葺（qì）：修补。

[11] 上漏：从上面漏水。

[12] 垣墙：砌上围墙。周庭：庭院周围。

[13] 当：对着。

[14] 洞然：明亮的样子。

[15] 栏楯（shǔn）：栏杆。

[16] 增胜：增添光彩。

[17] 偃（yǎn）仰：安居。偃，伏下。

[18] 冥然：沉寂安静的样子。兀坐：独自端坐。

[19] 三五之夜：农历每月十五夜晚。

[20] 斑驳：色彩错杂。

[21] 珊珊：摇曳多姿。

简析

这是一篇回忆性纪事散文，以作者年轻时的书斋“项脊轩”为背景，深情回忆了祖母、母亲、妻子几代人的音容笑貌和与之相关的生活片段，用感人的细节、质朴的语言表达了对已故亲人的深切怀念，表现出很强的艺术功力与写作技巧。节选部分是文章开头，介绍了项脊轩基本情况，其中的月夜描写历来为人称道。

梁启超

梁启超（1873—1929），字卓如，一字任甫，号任公，又号饮冰室主人，广东新会（今属广东江门）人。中国近代维新派代表人物之一。其著作合编为《饮冰室合集》。

少年中国说（节选）

故今日之责任，不在他人，而全在我少年。少年智则国智，少年富则国富，少年强则国强，少年独立则国独立，少年自由则国自由，少年进步则国进步，少年胜于欧洲，则国胜于欧洲，少年雄于地球，则国雄于地球。红日初升，其道大光；河出伏流[1]，一泻汪洋；潜龙腾渊，鳞爪飞扬；乳虎啸谷，百兽震惶；鹰隼试翼，风尘吸张；奇花初胎，矞矞皇皇[2]；干将发硎[3]，有作其芒；天戴其苍，地履其黄；纵有千古，横有八荒；前途似海，来日方长。美哉我少年中国，与天不老！壮哉我中国少年，与国无疆！

（《梁启超全集》，北京出版社 1999 年）

注释

[1] 伏流：地下河流。

[2] 矞矞（yùyù）皇皇：形容艳丽辉煌。

[3] 干将：古代宝剑名。硎（xíng）：磨刀石。

简析

本文写作于1900年。作者抨击封建统治下的“老大帝国”，呼唤一个全新的“少年中国”，思想积极，情感激越。写作中大量使用比喻、叠用、对偶、排比等修辞手法，句式长短交替，文风韵散结合，气势宏大，激情饱满，具有很强的艺术感染力。

参考书目

《十三经注疏》,（清）阮元撰，中华书局 1980 年版。
《四书章句集注》,（宋）朱熹集注，中华书局 2011 年版。
《诗集传》,（宋）朱熹集注，赵长征点校，中华书局 2011 年版。
《春秋左传注》，杨伯峻编著，中华书局 1981 年版。
《老子注》,（三国魏）王弼注,《诸子集成》，中华书局 2006 年版。
《庄子集释》,（清）郭庆藩撰，王孝鱼点校，中华书局 1961 年版。
《荀子新注》，楼宇烈主撰，中华书局 2018 年版。
《战国策注释》，何建章注释，中华书局 1990 年版。
《楚辞章句》,（汉）王逸撰，黄灵庚点校，上海古籍出版社 2017 年版。
《史记》,（汉）司马迁撰，中华书局 1959 年版。
《新书》,（汉）贾谊撰，卢文弨校，中华书局 1985 年版。
《三曹诗选》，余冠英选注，人民文学出版社 1997 年版。
《曹子建集》,（三国魏）曹植撰,《四部丛刊初编》，上海书店 1989 年版。
《三国志》,（晋）陈寿撰,（南朝宋）裴松之注，中华书局 2000 年版。
《阮籍诗文选译》,（三国魏）阮籍著，倪其心译注，凤凰出版社 2011 年版。
《嵇康集校注》,（三国魏）嵇康著，戴明扬校注，中华书局 2014 年版。
《晋书》,（唐）房玄龄等撰，中华书局 1996 年版。
《笺注陶渊明集》,（晋）陶潜撰,（宋）李公焕笺,《四部丛刊初编》，上海书店 1989 年版。
《陶渊明集笺注》，袁行霈撰，中华书局 2003 年版。
《鲍氏集》,（南朝宋）鲍照撰,《四部丛刊初编》，上海书店 1989 年版。
《谢宣城诗集》,（南朝齐）谢朓撰,《四部丛刊初编》，上海书店 1989 年版。
《汉魏六朝百三家集·吴朝请集》,（明）张溥编，信述堂重刊本。
《庾子山集注》,（北周）庾信撰,（清）倪璠注，许逸民校点，中华书局 1980 年版。
《水经注》,（北魏）郦道元撰，陈桥驿点校，上海古籍出版社 1990 年版。
《王子安集》,（唐）王勃撰,《四部丛刊初编》，上海书店 1989 年版。
《全唐诗》（增订本），中华书局编辑部点校，中华书局 1999 年版。
《高常侍集》,（唐）高适撰,《四部丛刊初编》，上海书店 1989 年版。

《李太白全集》，（唐）李白著，（清）王琦注，中华书局 2015 年版。
《杜诗详注》，（唐）杜甫撰，（清）仇兆鳌注，中华书局 2015 年版。
《岑嘉州诗》，（唐）岑参撰，《四部丛刊初编》，上海书店 1989 年版。
《朱文公校昌黎先生集》，（唐）韩愈撰，（宋）朱熹校，《四部丛刊》，上海书店 1989 年版。
《全唐文》，（清）董诰等编，中华书局 1983 年版。
《刘禹锡集》，（唐）刘禹锡撰，卞孝萱校订，中华书局 1990 年版。
《白居易集笺校》，（唐）白居易著，朱金城笺校，上海古籍出版社 1988 年版。
《柳宗元集》，（唐）柳宗元撰，中华书局 1979 年版。
《李贺歌诗编》，（唐）李贺撰，《四部丛刊初编》，上海书店 1989 年版。
《樊川文集》，（唐）杜牧著，陈允吉校点，上海古籍出版社 2009 年版。
《欧阳文忠公文集》，（宋）欧阳修撰，《四部丛刊初编》，上海书店 1989 年版。
《嘉祐集笺注》，（宋）苏洵著，曾枣庄、金成礼笺注，上海古籍出版社 1993 年版。
《周敦颐集》，（宋）周敦颐著，陈克明点校，中华书局 1990 年版。
《王安石诗文选评》，（宋）王安石著，高克勤撰，上海古籍出版社 2002 年版。
《苏轼文集》，（宋）苏轼著，孔凡礼点校，中华书局 1986 年版。
《姜白石词笺注》，（宋）姜夔著，陈书良笺注，中华书局 2013 年版。
《梦窗词》，（宋）吴文英撰，陈邦炎校点，上海古籍出版社 1988 年版。
《元好问全集》，（金）元好问著，姚奠中主编，山西人民出版社 1990 年版。
《唐寅集》，（明）唐寅著，周道振、张月尊辑校，上海古籍出版社 2013 年版。
《震川先生集》，（明）归有光著，周本淳校点，上海古籍出版社 1981 年版。
《梁启超全集》，（清）梁启超著，北京出版社 1999 年版。
《文选》，（南朝梁）萧统编，（唐）李善注，中华书局 1977 年版。
《先秦汉魏晋南北朝诗》，逯钦立辑校，中华书局 1983 年版。
《乐府诗集》，（宋）郭茂倩撰，《四部丛刊初编》，上海书店 1989 年版。
《乐府诗选》，余冠英选注，中华书局 2012 年版。
《古文辞类纂》，（清）姚鼐纂集，胡士明、李祚唐标校，上海古籍出版社 2016 年版。
《古文观止》，（清）吴楚材、吴调侯选编，上海古籍出版社 2006 年版。
《中国文学家大辞典》（唐五代卷），周祖谟主编，中华书局 1992 年版。
《中国文学家大辞典》（宋代卷），曾枣庄主编，中华书局 2004 年版。
《中国古代文学作品选》，郁贤皓主编，高等教育出版社 2015 年版。